HEYNE‹

W0236209

Das Buch

»Trauer macht stumm. Um das Schweigen zu durchbrechen, brauchen Sie und auch Ihre Begleiter großen Mut. Fettnäpfchen und Missverständnisse gehören dazu. Vielleicht kann dieses Buch Ihnen Worte schenken für das, was Sie fühlen und erleben ... Trauer ist keine Krankheit, die es zu heilen gilt, und auch kein seltsamer Spuk, den man bekämpfen muss. Es ist nicht nötig, sie wegzutrösten oder wegzuschnäuzen. Trauer ist mehr, Trauer kann mehr. Sie macht uns wieder berührbar, und wir beginnen uns daran zu erinnern, was im Grunde schon immer in uns steckt: ein tiefes Wissen, ein uraltes Vertrauen, viele ungeweinte Tränen – aber auch eine ganz besondere Art von Lebendigkeit, in der es Platz gibt für vieles, sogar für den Schmerz. Ich habe dieses Buch geschrieben, um Sie bei der Erinnerung an diese Lebendigkeit zu unterstützen.« *Barbara Pachl-Eberhart*

Die Autorin

Barbara Pachl-Eberhart studierte an der Hochschule für Musik und darstellende Kunst in Wien und erhielt 2001 an der Pädagogischen Akademie in Graz ihr Diplom für das Lehramt an Grundschulen. Neun Jahre lang brachte sie als Clowndoctor kranke Kinder zum Lachen. Das Jahr 2008 wurde zu ihrem Schicksalsjahr: An den Osterfeiertagen starben ihr Mann und ihre beiden kleinen Kinder infolge eines Unfalls an einem unbeschrankten Bahnübergang. Ihr Buch über diese Erfahrung und ihren Weg durch die Trauer, *Vier minus drei*, hat Hunderttausende Menschen tief berührt. Heute ermutigt Barbara Pachl-Eberhart mit Vorträgen und Büchern zu einem lebensbejahenden Umgang mit Herausforderungen. Als ausgebildete Poesie- und Bibliotherapeutin gibt sie die Freude und Kraft am Schreiben, die auch ihr Leben verändert haben, in erfolgreichen Schreibseminaren weiter.

www.barbara-pachl-eberhart.at

Barbara Pachl-Eberhart

Warum gerade du?

Antworten auf die großen Fragen der Trauer

WILHELM HEYNE VERLAG
MÜNCHEN

Verlagsgruppe Random House FSC® N001967

3. Auflage
Taschenbucherstausgabe 10/2017

Copyright © 2014 by Integral Verlag, München,
in der Verlagsgruppe Random House GmbH,
Neumarkter Straße 28, 81673 München
Copyright © 2017 dieser Ausgabe by Wilhelm Heyne Verlag,
München, in der Verlagsgruppe Random House GmbH,
Neumarkter Straße 28, 81673 München
Alle Rechte sind vorbehalten. Printed in Germany.
Redaktion: Dr. Diane Zilliges
Umschlaggestaltung: Guter Punkt, München
Umschlagmotiv: © mysondanube / iStock
Satz: Satzwerk Huber, Germering
Druck und Bindung: GGP Media GmbH, Pößneck
ISBN 978-3-453-70339-1

www.heyne.de

Für den Tod,
der mich lehrte, was es heißt,
ohne Angst zu leben.

»Ich bin nicht nur überzeugt, dass das,
was ich sage, falsch ist,
sondern auch das, was man dagegen sagen wird.
Trotzdem muss man anfangen, davon zu reden.«

Robert Musil

Inhalt

Einleitung

»Warum tut das so weh? Warum tut das nur so *wahnsinnig* weh!?«

Das war die erste große Frage. Die ersten Worte, mit denen meine Trauer ihre Sprachlosigkeit endlich durchbrach. Ich erinnere mich noch an den Tag, an dem sie, ohne sich vorher anzukündigen, aus mir herausplatzten: der siebzehnte Tag nach dem Unfall – mein Mann, mein Sohn und meine kleine Tochter waren am Gründonnerstag 2008 von einem Zug überfahren worden. Seit mehr als zwei Wochen waren sie nun schon tot. Und ich? Eben noch Mama von zwei kleinen Kindern. Clown von Beruf, Botschafterin der Lebensfreude. Eine junge Frau in der besten Zeit ihres Lebens. Und jetzt, auf einmal: Witwe. Verwaiste Mutter. Allein.

Was ich erleben musste, klingt brutal. Wenn ich heute Menschen davon berichte, was mir im Jahr 2008 geschehen ist, treten vielen von ihnen die Tränen in die Augen, sie beginnen, schwer zu schlucken, und schauen drein, als wäre ihnen ein Ziegelstein in den Bauch gefallen. Ich versuche dann zu erklären, dass ich diese Zeit direkt nach dem

Tod meiner Familie ganz und gar nicht als brutal empfand. Im Gegenteil: Ich schwebte in einer Blase, irgendwo zwischen Himmel und Erde, ich fühlte mich geborgen, lebte in einer Traumwelt, in der ich mich eingerichtet hatte, um zu überleben. Meine tote Familie und ich, wir waren einander nah, und alles schien mir gut – zumindest solange ich nicht vor die Tür gehen musste.

Irgendwie gelang es mir, die Beerdigung zu organisieren, sofort danach aber verkroch ich mich wieder in mein Bett. Ich wollte nicht reden, nichts gefragt werden und schon gar nichts antworten. Mein Kopf sollte leer und frei sein, damit ich mich jederzeit in den Himmel träumen konnte. »Es geht mir gut«, antwortete ich auf die SMS meiner Freundinnen – und glaubte mir selbst. Ich wollte, dass alles so blieb, wie es war. Sicher, geborgen hinter verschlossener Tür. Am besten ganz ohne Worte, still und stumm. Einsam fühlte ich mich nicht. Doch die, die außen standen, ahnten bald die drohende Gefahr meiner Isolation. Heute bin ich froh, dass sie die Initiative ergriffen.

Es war meine Clownkollegin Sophie, die mich als Erste aus meiner Höhle lockte. Sie rief an, um zu fragen, ob sie mich zu einem Waldspaziergang abholen dürfe. Ich sagte Ja. Nicht, weil ich Lust darauf hatte – mir fiel bloß so schnell kein Grund dagegen ein. Eine halbe Stunde später waren wir bereits unterwegs. Wir stapften eine Zeit lang querfeldein durchs Unterholz, Sophie voran, ich hinterher, wie in Trance. Kein äußerer Betrachter hätte erkannt, dass wir beide nicht allein waren. Doch der Tod war mit uns gekommen, und alles, was wir miteinander sprachen, musste vor seinem unsichtbaren Antlitz bestehen. Unsere Schritte waren bestimmt, der Weg durch den Wald vertraut. Die Worte, die wir suchten, tanzten hingegen wie auf Eierschalen.

Wir erreichten eine Lichtung und setzten uns ins Gras. Die Sonne schien, ein Schmetterling flatterte neben uns und ließ sich in aller Ruhe auf einen Löwenzahn nieder. Ich schaute empfindungslos durch ihn hindurch. Sophie versuchte mich aufzumuntern. »Ich glaube, im Himmel haben die immer solche Tage wie heute. Hör mal, wie schön die Vögel singen. Ich kann mir gut vorstellen, wie Heli da drüben auf seiner Wolke mitträllert, was meinst du? Vermutlich spielt er sogar auf seiner Ukulele.«

Ich lächelte, dankbar für das, was meine Freundin da sagte. Ja, genauso stellte auch ich mir den Himmel vor. Glücklich, lebendig, frei. Ich hielt mein Gesicht in die warme Sonne und lauschte den Vögeln. Zum ersten Mal seit langer Zeit atmete ich bis in meinen Bauch hinein. Und da, von einem Moment auf den anderen, schlug meine Stimmung um. Das Glück des Himmels war verschwunden. In mir tobte eine Feuersbrunst. Da war sie: die erste Begegnung mit dem Urschmerz der Trauer.

»Warum tut das nur so weh?«

Die einfache Antwort war mir klar, schon damals, im Wald. Natürlich: Wir weinen um unsere Toten, weil wir sie vermissen. Wir lieben sie, aber sie sind nicht mehr da. Die Sehnsucht brennt wie Feuer. Klar tut das weh.

Sophie hat diese naheliegenden Gedanken nicht ausgesprochen. Sie wusste: Es war nicht wichtig. Viel wichtiger war es, zu schweigen und einfach auszuhalten, was geschah. Meine Freundin hielt still, sie blieb bei mir, bis ich meine Frage hundertmal wiederholt hatte, in allen Tonarten, jammernd, vorwurfsvoll, gepresst, gequält, voll Selbstmitleid. Sophie hielt durch, so lange, bis mein Schmerzanfall verklungen war und ich keine gesabberten Worte mehr brauchte, um mich zu entladen.

Bis heute ist Sophie als Freundin bei mir geblieben. Sie begleitet mich auf der Achterbahn meiner Gefühle, sie lacht mit mir, wenn ich mich mit waghalsigen Plänen am Leben versuche, sie erträgt die Stille und auch die immer wiederkehrende, unendlich tiefe Frage nach dem Sinn. Immer wieder hat mir Sophie ihr Ohr geschenkt, und sie hörte nicht nur das, was ich sagte, sondern auch das, was ich zu sagen versuchte. Sie versteht es gut, so lange zu warten, bis mein Herz seine eigenen Antworten findet und mein Mund in der Lage ist, sie zu formulieren.

Dieses Buch schreibe ich als Dank an Sophie – und all die anderen Frauen und Männer, die mir dabei geholfen haben, über den Tod und mein Leben nach, nein, mein Leben *mit* dem Tod nachzudenken. Ich schreibe es für alle, die selbst Fragen stellen, die weinen und manches Mal verzweifelt sind. Ich schreibe dieses Buch für Sie, wenn Sie einen geliebten Menschen verloren haben. Und für die Menschen, die Sie begleiten, in Gesprächen, aber auch in der Stille der Sprachlosigkeit.

Trauer macht stumm. Um das Schweigen zu durchbrechen, brauchen Sie und auch Ihre Begleiter großen Mut, Fettnäpfchen und Missverständnisse gehören dazu. Vielleicht kann dieses Buch Ihnen Worte schenken für das, was Sie fühlen und erleben. Vielleicht kann es Ihren Begleitern ein Bild davon vermitteln, wie es Ihnen geht, und den Menschen in Ihrer Umgebung erklären, warum Trauernde sich nicht immer so verhalten, wie man es von ihnen erwartet.

Natürlich maße ich mir nicht an, zu wissen, wie es in Ihrem Inneren aussieht. Möglicherweise möchten Sie mir an der einen oder anderen Stelle sogar heftig widersprechen, weil Sie ganz anders denken und fühlen als ich. Oft ist es gerade der Widerspruch, der uns als Trampolin dient, von dem wir uns abstoßen und in Bewegung kommen. Da, wo wir widersprechen, sprechen wir immerhin.

Dieses Buch enthält meine persönlichen Antworten auf die großen Fragen der Trauer. Ich erzähle Ihnen, was ich meiner Trauer heute sage, wenn sie mich wieder einmal fragt, warum meine Kinder sterben mussten, wo ihr Leben doch gerade erst begonnen hatte. Was ich meiner Angst antworte, wenn sie mir weismachen will, dass die Erinnerung an meine Familie langsam verblasst. Ich will Sie in die Gedanken einweihen, die mir helfen, den Schmerz meiner Trauer besser zu ertragen. Und ich lade Sie ein, mit mir gemeinsam zu fragen: Können wir auch nach schmerzhaften, existenziellen Verlusten eines Tages wieder glücklich sein?

Wo bist du? Wie soll ich den Schmerz ertragen? Warum musstest du sterben? Kann ich jemals wieder glücklich sein? So lauten einige der Fragen, die ich in diesem Buch behandle. Ich habe jene Fragen ausgewählt, die mich immer wieder besuchten, die nachts in meinem Kopf herumspukten und sich jedem Versuch, sie mit einfachen Mitteln abzuspeisen, widersetzten. Gerade deshalb wurden mir diese Fragen im Lauf der Zeit zu einer Quelle vielfältiger Inspiration.

Natürlich gibt es auf jede dieser Fragen schnelle, einfache Antworten. Sie rutschen leicht über die Lippen – aber kaum jemals kommen sie da an, wo wir sie wirklich brauchen: im Herzen, im Bauch und in unserer verletzten Seele, die um Hilfe ruft. Wenn wir trauern, dürfen wir lernen, geduldig zu sein, mit uns und mit dem Leben, das uns Antwort gibt. Wir müssen, ja, wir sollen die großen Rätsel nicht sofort auflösen. Sie sind zu wertvoll, um allzu schnell abgehakt zu werden. Die Fragen der Trauer sind ein Schatz, eine wichtige Wegzehrung. Wir brauchen sie dringend als Begleiter auf dem Weg zu uns selbst.

Ich habe im Lauf der letzten Jahre gelernt, die Fragen auszuhalten. Mit ihnen zu leben, als wären sie Gäste in meinem Haus. Dabei bin ich immer wieder auf neue, überraschende Antworten gestoßen. Kleine, zerbrechliche, durchsichtig poetische – aber auch tragfähige Antworten, die das Fundament meines Lebens stabiler werden ließen als je zuvor. Ich fand sie nicht, indem ich grübelte. Ich musste vor die Tür gehen und mich dem Leben anvertrauen. Erst in der Begegnung mit der Welt entdeckte ich Metaphern, Geschichten und Parabeln, durch die ich Einsicht gewann. In der Auseinandersetzung mit meiner Gegenwart erkannte ich den Sinn dessen, was in der Vergangenheit geschehen war. Ich lebte, und ich ließ mir Zeit.

Viele Knoten in Kopf und Bauch lösten sich erst, als ich mir erlaubte, durchs Leben zu schlendern, Umwege zu machen und weite Kreise zu ziehen. Nach und nach befreite ich mich von vielen Ansprüchen, die ich an mich selbst und an das Leben gestellt hatte. Wer ungeduldig zieht und zerrt, kann die leisen, zart schwingenden Antworten nicht hören. Doch wenn wir dem Leben auf milde, wohlwollende Weise die Hand reichen, können wir uns letztlich sogar mit dem Tod versöhnen.

Oft treffe ich bei meinen Vorträgen und Lesereisen Menschen, die verunsichert sind, wenn es um die Begegnung mit Trauernden geht. »Was kann ich bloß sagen? Wie kann ich trösten?«, fragen sie. Sie sehnen sich insgeheim nach Rezepten, nach Zauberworten, mit denen sie die Tränen und die ratlose Erstarrung verscheuchen können. Solche Zauberformeln kann ich nicht anbieten – und es erschiene mir auch gar nicht sinnvoll. Trauer ist keine Krankheit, die es zu heilen gilt, und auch kein seltsamer Spuk, den man bekämpfen muss. Es ist nicht nötig, sie wegzutrösten oder wegzuschnäuzen. Trauer ist mehr, Trauer kann mehr. Trauer ist eine wunderbare Fähigkeit, die uns Menschen angeboren ist. Leider nutzen wir sie viel zu selten, da, wo sie uns im Kleinen gern zu Hilfe kommen würde. Wir neigen dazu, sie zu verdrängen, wir lenken uns ab, schützen uns, wo es nur geht, vor dem Gefühl der Vergänglichkeit, das beim ersten Kosten ziemlich bitter schmeckt.

Meist ist es der Tod eines geliebten Menschen, der unsere Fähigkeit zu trauern schließlich wiedererweckt. Anfangs tut es schrecklich weh, nicht zuletzt, weil wir merken, wie viel wir verlernt haben, während wir verdrängten. Ungeduldig und enttäuscht von uns selbst würden wir das Trauern – wenn es schon sein muss – am liebsten möglichst effizient hinter uns bringen. Erst wenn das nicht klappt, wenn wir hängen bleiben und nicht so weiterkommen, wie wir es uns wünschen, beginnen wir, unsere Muster zu überdenken. Und genau hier liegt die Chance, den wahren Wert der Trauer zu erkennen. Unsere Seele zeigt sich dankbar, sie nimmt unsere Tränen entgegen und saugt sie auf wie eine Pflanze den Regen nach langer Dürre. Mit etwas Mut lernen wir überraschend schnell. Wir werden wieder berührbar und beginnen uns an das zu erinnern, was im Grunde schon immer in uns steckt: ein tiefes Wissen, ein uraltes Vertrauen, viele ungeweinte Tränen – aber auch eine ganz besondere Art von Lebendigkeit, in der es Platz gibt für vieles, sogar für den Schmerz. Ich habe dieses Buch geschrieben, um Sie bei der Erinnerung an diese Lebendigkeit zu unterstützen.

Das einzige Mittel, das mir dabei zur Verfügung steht, sind die Worte. Ich hoffe, dass es mir gelungen ist, lebendige

Worte zu finden – Worte, die Sie nicht nur im Denken ansprechen, sondern auch in der Art, wie Sie Ihrem Leben aktiv und handelnd begegnen können. So wünsche ich mir, dass dieses Buch immer wieder auf Ihrem Nachtkästchen liegen bleibt, weil Sie gerade keine Zeit zum Lesen haben. Ich hoffe, dass meine Geschichten vor allem Lust aufs Leben machen – auf Bewegung, Ausdruck und auf die Begegnung mit anderen Menschen, vielleicht sogar mit Menschen, die schon einmal Ähnliches erlebt haben wie Sie. Dieses Buch ist ein Begleiter, aber nur einer von vielen. Und es ist möglich, dass es Sie auch dann noch begleitet, wenn Sie sich nicht mehr als trauernd bezeichnen. Im besten Fall weckt es in Ihnen eine Ahnung, die ungefähr so lauten könnte: Die großen Fragen der Trauer unterscheiden sich gar nicht so sehr von den großen Fragen, die uns das Leben allgemein stellt.

Worin besteht eigentlich der Sinn des Lebens? Auch diese Frage beantworte ich – auf meine Weise – in diesem Buch. An dieser Stelle möchte ich allerdings mein großes Vorbild Viktor Frankl zitieren: »Der Sinn des Lebens, haben wir gesagt, sei nicht zu erfragen, sondern zu beantworten, indem wir das Leben verantworten. Daraus ergibt sich aber, dass die Antwort jeweils nicht in Worten, sondern in der Tat, durch ein Tun zu geben ist. Auch das Leben fragt uns nicht in Worten, sondern in Form von Tatsachen, vor die wir gestellt werden, und wir antworten ihm auch nicht in Worten, sondern in Form von Taten, die wir setzen.«

Wir, die wir trauern, wissen nur zu gut, wie eng die großen Fragen der Trauer mit dem zusammenhängen, was wir im Leben tun. Zu Beginn wird uns das vor allem auf schmerzhafte Weise bewusst. Denn oft ist es gerade der scheinbar banale Alltag, der uns die größten schmerzhaftesten Fragen stellt. *Bin das jetzt ich? Was brauche ich? Ist mir* überhaupt *zu helfen?* Mitten im Leben versuchen wir, Schritt zu halten mit den anderen, die keinen K.-o.-Schlag verdauen müssen wie wir. Tapfer kämpfen wir uns durch den Dschungel der Behördengänge, Formulare und profanen Agenden des Hinterbliebenseins. Wir stammeln und ringen um Worte, wenn man uns fragt, wie es uns geht. Wir stehen bei IKEA und merken plötzlich, dass diese Pakete ganz leicht waren, als wir noch vier Hände hatten, und dass die gleichen Pakete jetzt auf einmal schwer sind wie Blei. Wir holen einen halben Laib verschimmeltes Brot aus der Dose und weinen – nicht um die verdorbene Krume, sondern um ein ganzes Leben, in dem niemals ein Laib Brot schlecht wurde und in dem das Essen grundsätzlich viel besser schmeckte. »Was hast du?«, fragt man uns. Wir können es nicht sagen, es wäre zu viel, zu tief, zu kompliziert.

Wir haben von sehr vielem, was zu unserem neuen Leben gehört, keine Ahnung. Wir leben trotzdem und hoffen, dass wir jemanden finden, der uns nicht nur Taschentücher reicht, sondern die tiefe Tragödie hinter den scheinbar kleinen Ereignissen versteht. Wir beten darum, dass jemand kommt und uns einen Teller Suppe vor die Nase stellt, die Glühbirne einschraubt und das Auto zum Service bringt. Dieser Jemand … vielleicht versteht er sogar, dass wir es manchmal selbst sehr komisch finden, wenn uns etwas auf geniale Weise misslingt, und auch, dass wir mitten im Lachen auf einmal wieder zu weinen beginnen, ohne genau zu wissen, warum.

Weinen und lachen. Zurückschauen und vorwärtsgehen. Sich verstecken und Neues wagen. Trauern … und glücklich sein. Ist das wirklich möglich? Die Antworten, die ich in diesem Buch gebe, bekennen sich zum Leben und zur Hoffnung auf das Glück. Sie entwickeln sich langsam. Sie stammen aus meiner Erfahrung mit hilflosen, strengen oder gutmütigen Freunden, mit klugen Begleitern und Helfern. Und nicht zuletzt aus der Erfahrung mit mir selbst, in allen möglichen Lebenslagen. Sie schöpfen aus meiner Vergangenheit als Mutter und Ehefrau ebenso wie aus der Zeit meiner tiefsten Trauer und auch aus meinem aktuellen Leben in neuem Beruf und in neuer Beziehung.

Sie sind immer wieder lebendig, praktisch, aufs Leben bezogen. Andererseits greife ich oft zu Metaphern, Gedichten und Geschichten, vor allem, wenn es darum geht, Unsagbares zu umkreisen. Die Sprache der Bilder hilft uns, behutsam zu bleiben und uns auf Zehenspitzen an jene Themen heranzutasten, die uns am meisten betreffen – als Trauernde, aber vor allem als fühlende Menschen, die erlebt und erfahren haben, wie wertvoll und zerbrechlich das ist, was wir Leben nennen.

Ich hoffe, dass mein Buch dazu beitragen kann, Ihnen den Tanz durch die Grenzgebiete am Rande unserer Existenz ein wenig zu erleichtern. Ich glaube an die transformierende Kraft der Trauer. Zugleich glaube ich auch daran, dass eine Zeit der Trauer irgendwann zu Ende gehen darf. Es darf wieder gut werden in einem Leben, das anders ist als vorher – nicht nur, weil jemand fehlt, sondern vor allem, weil wir uns verändert haben, weil wir durch die Begegnung mit dem Tod gewachsen sind. Dieses Buch lädt Sie ein zu erkennen, was Sie durch die Trauer um Ihren geliebten Menschen gewinnen können.

Lassen Sie uns mit dem Ausflug beginnen, einem Ausflug in die Welt meiner persönlichen Geschichten, Gedanken und Bilder. Erkunden wir, was die Trauer uns fragt, und machen wir uns gemeinsam auf die Suche nach Antworten. Die letzte, größte, für immer wahre Antwort, die werden Sie in diesem Buch nicht finden. Nicht, weil es sie nicht gibt. Sondern weil die tröstende, letztgültige Wahrheit schon längst am besten Ort der Welt bereitliegt: mitten in Ihrem Herzen – an einem Platz, zu dem Worte einfach keinen Zugang haben. Möge mein Buch ein kleiner Schlüssel sein, der Ihnen die Tür zum geheimen Raum Ihrer eigenen Antworten öffnet. Vielleicht ist es der erste – vielleicht aber auch der letzte, der noch nötig ist, um einzutreten.

Das Erste

Ich glaube, das Erste,
was ich nach deinem Tod getan habe,
war völlig banal.

Wenn ich mich richtig erinnere,
habe ich mir den Zopfgummi
aus den Haaren gezogen
und mir einen neuen Pferdeschwanz gebunden.

Als hätte ich es oft geübt,
bin ich vom Krankenhaus
nach Hause gefahren.
Nicht einmal das Geräusch des Blinkers
war anders als sonst.

Daheim
habe ich die Türe aufgesperrt,
die Schuhe ausgezogen
und sie nebeneinandergestellt.

Das hatte keine Bedeutung.
Zwei Schuhe gehören eben
nebeneinandergestellt.

Ich warte noch heute
auf den Moment,
der nicht so banal ist
wie die rotztriefenden Tränen der Schuld
über unsere banalen Streitigkeiten.

Nicht so banal
wie der Schmerz
der Sehnsucht
nach ganz banalen Momenten mit dir.

Ich frage mich, ob mein eigener Tod
die letzte Banalität sein wird,
die ich hinter mich bringen muss.

Oder ob es drüben, bei dir,
genauso banal weitergeht.

Leichter, vermutlich.

Wo bist du?

Es ist ein heißer Sommertag. Ich sitze in einem Liegestuhl und lese ein Buch, neben mir ein Glas Limonade, auf einem Teller liegt ein Käsebrot. Ferien. Ich habe Zeit für mich, es geht mir richtig gut. Da, auf einmal, läutet das Telefon. Noch bevor ich abhebe, weiß ich, dass dieser Anruf nichts Gutes verheißt. Zitternd greife ich zum Hörer. Am anderen Ende der Leitung meldet sich eine Frau. Ihre Stimme ist vorwurfsvoll. Es geht um meinen Sohn Thimo – er ist seit drei Wochen im Kinderheim und wartet verzweifelt darauf, dass ich ihn endlich abhole. Kann das sein? *Wie bitte, ich habe ihn vergessen?!* Ich will Thimo sprechen. »Nein, das geht nicht«, sagt die Dame am Telefon. »Er spricht schon seit Tagen mit niemandem mehr.«

Bevor ich schreien und wild um mich schlagen, bevor ich weinen, bevor ich mich ins Auto setzen kann, um zu meinem Kind zu rasen, bevor ich meinen Sohn trösten und in die Arme schließen kann, damit alles wieder gut ist … wache ich auf. Schweißgebadet, entsetzt. Ich kann es kaum fassen. Welches Monster kommt auf die Idee, mir so schreckliche Träume zu schicken? Was zum Henker fällt meinem Unterbewusstsein ein, mich so grausam zu quälen?

Ich drehe mich auf den Rücken, öffne die Augen, ich lege die Hand auf meinen Bauch und versuche, meinen Atem zu beruhigen. Es dauert eine Weile, bis ich in der Wirklichkeit angekommen bin. Einer Wirklichkeit, in der mein Kind seit über zwei Jahren tot ist. Einer Wirklichkeit, die nicht perfekt, aber wenigstens einigermaßen vertraut ist. So seltsam es klingen mag: Der Status quo, auch wenn er den Tod meines Mannes und meiner Kinder beinhaltet, ist mir deutlich lieber als das, was in manchen Nächten in meiner Traumwelt geschieht.

Diese nächtlichen Schreckensbilder suchten mich Gott sei Dank nicht von Anfang an heim. Die Träume in den Wochen nach dem Tod meiner Familie erzählten kräftige, lebendige Nachtgeschichten von einem gemeinsamen, fröhlichen Alltagsleben. Ab und zu bekam ich nachts auch gut gemeinte Botschaften von einem meiner drei Engel zugeraunt. Ich konnte gar nicht genug von diesen Träumen bekommen, und ich schlief, so viel es ging – nicht nur, weil ich müde war, sondern weil ich mich bei jedem Einschlafen auf den nächsten Besuch meiner Familie freute. Irgendwann wurden diese Träume seltener, bis sie ganz verschwanden. Fast ein Jahr lang träumte ich gar nichts, oder, in seltenen Fällen, von Elfenwäldern, Häusern und vom Fliegen. Heli und die Kinder schauten nicht vorbei. *Vermutlich haben sie da drüben anderes zu tun und wissen, dass ich ganz gut ohne sie zurechtkomme,* dachte ich. Und dann, eines Tages, gingen die Albträume los.

Ich habe meinen Sohn vergessen. Ich suche verzweifelt nach meinen Kindern. Meine Tochter fällt vor meinen Augen in einen See, ich stürze zu ihr, aber ich kann sie nicht mehr retten, sie versinkt ...

Diese Schreckensbilder suchten mich nicht oft heim. Aber oft genug, dass ich mich fragen musste, was sich mein Unterbewusstsein da zusammenreimte. Wieso glaubte es, dass meine Kinder verzweifelt auf mich warteten? Und wie kam es auf die Idee, dass es tatsächlich an mir läge, sie zu retten? Immerhin, in einer Angelegenheit waren wir uns einig: Meine Familie war nicht ausradiert, sie hielt sich bestimmt noch irgendwo auf. Das, woran ich glaube, hatte sich offenbar tatsächlich bis in den hintersten Winkel meiner Psyche herumgesprochen. Doch irgendwie hatte mein Unterbewusstsein da etwas falsch verstanden. Es baute die falsche Geschichte. Es kombinierte Leben und Tod auf völlig unzulässige Weise. Ich konnte nur hoffen, dass auch meinem Traumselbst irgendwann klar werden würde, dass meine Kinder nicht mehr am Leben und daher auch nicht mehr unter meiner Obhut waren. Sie warteten weder im Kinderheim, noch spielten sie am abschüssigen Rand eines Badesees. Ihr physischer Tod war endgültig. Das war nicht einmal durch Schuldgefühle oder mütterliche Traumheldentaten rückgängig zu machen.

Mittlerweile gehe ich regelmäßig zu einer Therapeutin, die nach der Psychologie von C. G. Jung praktiziert. Sie hat mir beigebracht, dass ich meine Träume auch ganz anders verstehen kann. Albträume bergen oft eine überraschende Seite, die nicht so schrecklich ist, wie man glauben mag. Alles, was im Traum vorkommt, könnte in Wirklichkeit einen Teil von uns selbst repräsentieren. Ich selbst ... auf der Suche. Ich, der See, die Mutter und auch das versinkende Kind.

Thimo im Kinderheim – vielleicht erschien er mir nur als Stellvertreter für einen Teil meiner selbst. Als Symbol für mein eigenes inneres Kind, verlassen und vernachlässigt von einer Barbara, die sich allzu sehr bemüht, erwachsen zu sein. Diese Interpretation scheint mir plausibel: Die Albträume begannen gerade in einer Zeit, in der ich versuchte, mein Leben wieder in die Hand zu nehmen. Vielleicht habe ich den spielerischen Teil in mir zu wenig gepflegt, als ich versuchte, gut zu funktionieren und mich beruflich neu zu etablieren.

Heute deute ich meine Träume gern auf diese Art, es gelingt fast immer. Meine Albträume kamen schon lange nicht mehr zu Besuch. Mittlerweile bin ich in wechselnden Rollen Priesterin, Drache, Braut oder – in Nebenrollen – ein neues Haus, ein Zug oder ein Auto. Sehr oft bin ich unterwegs, vermutlich vor allem zu mir selbst. Was bleibt, ist die ungelöste Frage, die ich mir immer wieder stelle, in schlaflosen Nächten und auch am Tag: Wo ist mein Mann, wo sind meine Kinder? Eines weiß ich gewiss: Sie sind nicht im Kinderheim, und sie liegen auch nicht verloren am Grunde eines Sees. Der Tod hat definitiv auch gute Seiten. Ehrlich.

Aber … wo sind sie dann? Die noch wichtigere Frage, die, die mich eigentlich beschäftigt, lautet: Sind sie überhaupt noch? Irgendwie? Irgendwo?

Die Beileidskarten, die ich nach dem Tod meiner Familie bekam, geben Antwort. »Die Toten, sie leben weiter in unserer Erinnerung.« Nun ja. Dieser Spruch war mir von Anfang an keine große Hilfe. Wann immer ich ihn las, fühlte ich mich unwohl. Wusste der, der diesen Spruch auf die Karte geschrieben hatte, welchen Druck er mir, der Überlebenden, da auferlegte? War ihm klar, dass er mich auf subtile Weise dafür verantwortlich machte, meine Familie durch konstante Erinnerungsarbeit am Leben zu erhalten – in einer Art gedanklicher Mund-zu-Mund-Beatmung, die nur ja nicht aussetzen durfte, weil sonst alles zu spät war?

Diese Vorstellung überforderte mich völlig. Ich hatte doch schon genug Sorgen. Eben noch waren wir eine ganze Familie gewesen. Vier junge, lebendige Menschen, die, jeder für sich, freudig mitten im Leben standen. Jetzt auf einmal gab es nur noch dieses Häuflein Elend, diese Frau, die meinen Namen trug und tapfer versuchte, ihr Überleben einigermaßen ordentlich zu meistern. Heli und die Kinder waren von der Lokomotive eines Reisezuges auf die andere Seite des Vorhangs katapultiert worden. War ihr Weiterbestehen wirklich abhängig von denen, die sich ordentlich an sie erinnerten? Nein. Ich musste davon ausgehen dürfen, dass mein Mann und meine Kinder unabhängig von mir existierten und dass es ihnen da, wo sie waren, auch ohne mein Zutun gut ging. Richtig gut. Besser denn je. Ich brauchte doch jemanden, auf den ich mich verlassen konnte und der stärker war als alle meine Sorgen.

Ich wurde richtig allergisch gegen den oft zitierten Erinnerungs-Trauerspruch. Ich suchte schlagkräftige Argumente, warum er nicht nur dumm, sondern sogar schädlich war. Denn: Würde mich diese Vorstellung nicht daran hindern, meinen Weg frei fortzusetzen, ohne allzu sehr auf die Vergangenheit zu schielen? Und wie würde es später aussehen, wenn ich alt und vergesslich, vielleicht sogar an Alzheimer erkrankt wäre? Müsste ich mir dann, ohne Erinnerung, jede Hoffnung auf ein Wiedersehen aus dem Kopf schlagen? »In der Erinnerung«, nein, das ist nicht der Platz, an dem ich meine Familie ansiedle. Zumindest nicht der einzige.

Ich frage weiter. Wo seid ihr? Wo bist du wirklich?

Im Himmel. Hinter dem Vorhang. Gleich ums Eck. Mitten im Raum, auf meiner Schulter. Ich bin ein Mantel, der sich um dich legt. Auf Wolke sieben, in der ewigen Musik. Die ewigen Jagdgründe, das Paradies, ein Zustand fließender Glückseligkeit ...

Den meisten von uns fällt es nicht schwer, uns den Himmel in herrlichen Farben auszumalen. Unseren Toten geht es gut – ja, der passende Ort, die Kulisse für diese Überzeugung zeichnet sich fast wie von selbst. Lichtvoll, in warmen Farben. Alles wäre so wunderbar. Da gibt es nur einen, der stört: den Zweifel. Er mischt sich in unsere Malerei, als wäre er ein grauer Wasserfarbenfleck, der zerrinnt und uns das ganze Bild zerstört. Er durchwirkt unsere Gedanken. Er nimmt uns die Kraft und entmutigt uns, wo es nur geht. Was können wir ihm, dem Spielverderber, nur entgegenhalten? Im Grunde ... nichts. So sehr wir uns auch bemühen, Beweise für ein Leben nach dem Tod zu finden, der Zweifel wird uns begleiten, solange wir leben. Es scheint zum Wesen des Lebens zu gehören, dass wir nicht mit Sicherheit wissen können, was nach dem Tod kommt.

Ich habe irgendwann ein Gedankenspiel erfunden, mit dem ich mir selbst bewies, dass meine Hoffnung auf Gewissheit tatsächlich unerfüllbar ist. »Was müsste passieren, damit ich ganz sicher weiß, dass Heli noch lebt?«, fragte ich mich. Ich stellte mir vor, wie es wäre, wenn er plötzlich mitten im Raum erscheinen würde – jetzt, hier. Er würde lachen. »Klar bin ich noch da.« Würde ich ihm glauben? Vielleicht ja, im ersten Moment. Doch schon nach wenigen Minuten würde ich mich fragen, ob ich nicht doch bloß einer Halluzination auf den Leim gegangen sei. Einem Wunschtraum, einer Erscheinung, die mein Hirn sich ausgedacht hat, um mich zu trösten.

Streng dich besser an, Heli!

Was könnte mein Mann tun, um mir mehr Sicherheit zu schenken? Erscheinung, die zweite: Heli kommt noch einmal, diesmal entscheidet er sich, an einem Ort zu erscheinen, an dem viele Menschen sind. Im Kaffeehaus vielleicht, wo ich gerade mit ein paar Freundinnen frühstücke. Er setzt sich zu uns, plaudert mit uns, erzählt ein bisschen vom Fliegen und von seinem himmlischen Ukulelenspiel. Nach einer Viertelstunde verabschiedet er sich mit einem Kuss und wird wieder unsichtbar.

Wäre ich überzeugt? Ich weiß es nicht. Ich spüre, wie mein Herz zu klopfen beginnt. Meine Freundinnen und ich, wir würden einander fassungslos anschauen. »Hast du das auch gesehen?« – »Ja, aber … das gibt's doch nicht. Das kann doch gar nicht sein.« Wir würden die Leute am Nachbartisch fragen, ob sie Heli auch gesehen hätten. Nein, vermutlich nicht, sie hatten ja nicht aufgepasst, wären zu sehr in ihr eigenes Gespräch vertieft gewesen. Ich stelle mir vor, wie wir wieder an unseren Tisch zurückkehren. Wir wissen nichts zu sagen und schütteln die Köpfe. Der Zweifel hat schon wieder einen Punkt geholt. Bald geht er erbarmungslos in Führung, spätestens dann, wenn wir anderen erzählen, was wir erlebt haben. »Spinner«, raunt man hinter unserem Rücken, und bald glauben wir es selbst. Wir versuchen unser Erlebnis einzuordnen, indem wir es rationalisieren. Vermutlich haben wir es uns alle gewünscht. Wir haben fantasiert. Wir haben etwas, irgendetwas gesehen, ja, vielleicht sogar eine Art kosmischer Energie.

Immer noch könnte ich nicht mit Sicherheit behaupten, dass Heli weiter gegenwärtig ist. Was müsste also noch geschehen, welcher Beweis könnte mir meinen Zweifel nehmen? Ich will mein Gedankenspiel noch ein bisschen weitertreiben. Inzwischen weiß ich: Egal, auf welche Weise Heli mir erscheinen würde, ob als Engel, als Mensch, ob er mit mir sprechen oder mich umarmen würde, egal, wie lange er bliebe, das alles wäre kein Beweis. Denn sobald er wieder verschwunden wäre, würde der Zweifel doch aufs Neue beginnen. So bin ich eben, denn ich bin ein Mensch, und ein Teil meines Hirns versteht nur das, was man anfassen und immer wieder sehen kann. Wunder, ja, die mag es geben, irgendwo, irgendwie. Aber wirklich gültig ist doch nur, was sich jederzeit wiederholen lässt.

Heli müsste also konsequenterweise bei mir einziehen und bleiben. Wenn ich immer wieder nachsehen könnte, wenn ich andere Menschen holen könnte, um sie mit ihm reden zu lassen, wenn ich Fotos machen und Videos drehen könnte, ja, dann …

… tja. Dann hätte er mir erst recht nichts bewiesen. Jedenfalls nicht, dass es ein Leben nach dem Tod gibt. Sondern höchstens, dass sein Tod ein Irrtum war und er doch noch auf Erden lebt. Es bleibt mir nichts anderes übrig, als mich mit dem Zweifel anzufreunden. Er gehört eben zu mir, dieser lästige Kerl, der hochbegabt ist, wenn es darum geht, die denkbar schrecklichsten Antworten auf jede meiner Fragen aus dem Ärmel zu ziehen. *Wo sie sind? Ha! Weg sind sie. Verschwunden, überhaupt nicht mehr existent.* Gut. So also klingt die Stimme des Zweifels. Die Stimme der denkbar schlimmsten Möglichkeit. Ich kann sie nicht zum Schweigen bringen. Aber: Nur weil sie die hässlichsten Bilder malt, hat sie nicht automatisch recht.

Ich habe viele Ideen dazu, wo und wie meine lieben Toten existieren. Eines jedoch kann ich mir beim besten Willen nicht vorstellen: dass sie, da drüben, pessimistisch auf einer Wolke sitzen und vor sich hin jammern. »Wer weiß, wer weiß. Sind wir hier oder nicht? Sind wir auf dem richtigen Weg oder irren wir uns?« Nein, ich glaube, das hat man noch nie von einem Engel gehört. Zweifelnder Pessimismus scheint eine Angewohnheit zu sein, die wir Menschen für uns allein gepachtet haben. Ich versuche also, dem Zweifel nicht mehr Beachtung zu schenken als nötig. Und ich entscheide mich dafür, lieber an die guten Möglichkeiten zu glauben und meine Fantasie mit erfreulichen, guten Bildern vom Jenseits zu nähren.

Im Grunde ist es ja gut, dass wir keine absolute Gewissheit haben. Das Spiel mit Möglichkeiten ist ein wesentlicher Motor unseres Lebens. Hypothesen sind wie Straßen, die wir bauen, um ihnen eine Zeit lang zu folgen. Warum sollen wir ausgerechnet über die größte Frage unseres Lebens keine Hypothesen aufstellen? Gerade sie schenkt uns doch die meisten Möglichkeiten, lebendige, kraftspendende Fantasien zu entwerfen. Manchmal führt uns ein Weg in eine Sackgasse. Wenn es so weit ist, merken wir es meistens sehr deutlich.

Ich habe einmal mit einer Frau telefoniert, die seit zwei Jahren mit ihrer toten Tochter kommunizierte, indem sie sie mit einem Glas befragte, das sie über ein Brett mit aufgemalten Buchstaben wandern ließ. »Glauben Sie mir, dass meine Tochter wirklich mit mir spricht?«, fragte sie mich. »Ich weiß es nicht, aber ich schließe es nicht aus«, antwortete ich. »Ich denke, der Himmel hat mehr Möglichkeiten, als wir uns erträumen können.« Meine Antwort schien die Frau zu erleichtern. Doch unser Telefonat blieb nicht bei der Glaubensfrage stehen. Denn nun erzählte mir die Mutter des verstorbenen Mädchens von ihren Sorgen. Man hielt sie langsam für eine Spinnerin. Ihr Mann und ihr erwachsener Sohn wollten ihr die Séancen verbieten. Ich versuchte, die Hintergründe des Konflikts zu erfragen. Bald erfuhr ich, dass meine Gesprächspartnerin keine größere Entscheidung mehr treffen konnte, ohne zuvor das Glas und das Brett zu befragen. Sie hatte die Verantwortung für ihr Leben »an den Himmel« delegiert.

Warum rief mich diese Frau an? Ich weiß nicht, ob ihr das Glas dazu geraten oder ob sie es selbst entschieden hatte. Doch es ist offensichtlich, dass sie das Gespräch suchte, weil sie selbst merkte, dass sie sich in ihrem Glauben verirrt hatte. Es war für sie an der Zeit, ein paar Dinge neu zu verorten. Dabei ging es nicht mehr um die Frage, ob die Tochter wirklich antwortet oder nicht, sondern darum, wer die Verantwortung für die Entscheidungen eines Lebens trägt. Sie war aufgefordert, innezuhalten und neue Fragen zu stellen. Fragen, die sich weniger um die Vorstellung vom Jenseits als um die Verantwortung für das eigene Leben drehten.

Anders als die suchende Mutter am Telefon haben viele Menschen die Option, an irgendetwas zu glauben, nach einem persönlichen Schicksalsschlag scheinbar endgültig verworfen. »Ich bewundere Sie für Ihren Glauben, ich kann das leider nicht«, mit diesen Worten sprechen mich immer wieder Menschen an. Ich frage mich: Was meinen sie damit genau? Wer oder was ist es, woran sie nicht glauben können?

Wenn wir von unserem Glauben sprechen, denken wir oft an das Leben im Jenseits oder an eine höhere, allwissende, ewig liebende Macht. Dabei messen wir unsere Glaubensfähigkeit an sehr konkreten Bildern. »Ich glaube nicht«, das heißt meistens: Ich kann nicht mehr an die Bilder und

Vorstellungen glauben, die mir einst vermittelt wurden. Engel mit Flügeln und dicken Kinderbäuchen. Ein Mann, der Wasser in Wein verwandeln kann. Ein Gott mit Rauschebart, ein Gott, der dafür sorgt, dass ich niemals leiden oder weinen muss ...

Wenn das Schicksal uns herausfordert, wird unser naiver Kinderglaube infrage gestellt, er scheint zu implodieren, er zerfällt zu Staub. Das tut weh. Auch wenn unser Erwachsenenkopf es längst hätte wissen müssen, das Kind in uns glaubte doch fest daran, dass Gott ganz persönlich auf uns aufpassen und uns vor allem Leid bewahren würde. Nun müssen wir erkennen: Es hat nicht geklappt. Wir sind enttäuscht von diesem Gott wie von einem geliebten Vater, dem zum ersten Mal die Hand ausgerutscht ist. Und wir fragen uns: Wo war die Gnade, wo waren die Wunder, als ich sie brauchte? Was ist das für ein Gott, der mich und andere so leiden lässt?

An diesem Punkt haben wir zwei Möglichkeiten. Wir können uns abwenden und uns künftig nur noch auf uns selbst verlassen. Die zweite Option besteht darin, abzuwarten, ob nicht doch noch etwas Gutes, vielleicht sogar ein Wunder aus dem erwächst, was uns jetzt so schrecklich scheint. Ich habe mich für diesen Weg entschieden, nicht bewusst, sondern intuitiv. Es schien mir ganz natürlich, an das Prinzip der positiven Überraschungen zu glauben. In meiner Arbeit als Clown im Krankenhaus hatte ich regelmäßig geübt, ins Ungewisse zu gehen und darauf zu vertrauen, dass sich bald alles zeigen würde, was ich brauchte. Jedes Mal, wenn ich an die Tür eines Krankenzimmers klopfte, hatte ich keine Ahnung, was mich erwartete. Und, ja, das war immer ein banges Gefühl. Doch ich hatte mir selbst schon Hunderte Male bewiesen, dass der Stoff für meine Clowngeschichte gerade da wartete, wo ich mich unvorbereitet und erwartungslos einließ auf das, was hinter dieser Tür lag. Ich musste mit leeren Händen kommen. Dann geschah das Wunder wie von selbst. Wenn mein Kopf frei und meine Augen offen waren, entdeckte ich die Geschichte, die im Zimmer des Kindes gepflückt werden wollte. Sie wartete in Form eines rosaroten Zahnputzbechers, eines Teddybären, manchmal auch in Form von Tränen. Und ich antwortete ihr, indem ich ins Bechertelefon flüsterte, Bärentatzen schüttelte oder ein leises Regentropfenlied erfand.

Ich glaube, auch Gott wartet auf uns, wenn auch manchmal hinter einer geschlossenen Tür. Er ist geduldig. Er weiß aus Erfahrung: Irgendwann wird unsere Neugier groß genug sein, so groß, dass wir den Mut aufbringen, die Tür zu öffnen.

»Wer bist du, Gott? Wo zeigst du dich? Was willst du mir sagen, mit dem, was du mir abverlangst? Und wie kann ich dazu beitragen, dass du mich gut unterstützen kannst?« So lauten die Fragen, die ich heute stelle. Natürlich finde ich es schade, dass es nicht möglich ist, ab und zu mit Gott zu telefonieren. Es gibt ein paar Angelegenheiten, die ich wirklich gern einmal mit ihm besprechen würde. *Stimmt es, dass die Seele sich aus dem Körper erhebt, wenn Schmerzen zu stark werden, um sie zu ertragen? Stimmt es, dass meine Tochter Fini geborgen war, als sie allein im Gras lag, nachdem der Zug sie aus dem Auto katapultiert hatte?* Wie erleichtert könnte ich leben, wenn ich die Antworten bekäme, nach denen ich mich sehne! Für den Moment muss ich mich damit abfinden, dass vieles ungewiss ist. Ich nutze diese Ungewissheit und betrachte sie als Chance. Da, wo es keine eindeutige Antwort gibt, habe ich die Freiheit, mir meine Lieblingsantwort zu wählen und mein Leben nach ihr auszurichten. Ja, ich glaube daran, dass der Tod eines Menschen nicht so schmerzhaft ist, wie es von außen wirkt. Ich glaube daran, dass alles Leid sich letztendlich in Güte und glückliche Einsicht verwandelt. Ich glaube daran, dass meine Wünsche und Pläne von höherer Ebene unterstützt werden, sofern sie mir und meiner Umwelt nicht schädlich sind.

Mittlerweile bin ich sogar davon überzeugt, dass man mit Gott kommunizieren kann. Es braucht nur ein bisschen Übung, die Antwort zu erkennen. »Ja«, so lautet Gottes Antwort. Immer und immer wieder: »Ja.« Dieses Ja kommt nicht sofort, offenbar gibt es in der himmlischen Funkverbindung einen Delay von ein paar Tagen oder Wochen. Oft haben wir unsere Frage schon vergessen, wenn uns die Antwort erreicht. Wir sind abgelenkt, vom Alltag, von unseren Sorgen, von neuen Fragen, die unseren Kopf verwirren. Doch manchmal glückt es doch.

»Darf ich den Tod meiner Familie als sinnvoll betrachten?« – »Lieber Gott, bist du wirklich in der Lage, Leid in Glück zu verwandeln?« Das Ja auf diese Fragen hat mich mittlerweile schon oft erreicht. »Gibt es Wunder, auch für mich?« Oh ja! Mein Leben beweist es mir beinahe täglich.

Das Ja kommt manchmal überraschend. Es purzelt ereignisvoll ins Leben, spektakulär oder auf charmante, humorvolle Art. Dann wieder empfangen wir das ersehnte Funksignal mitten in unserem Bauch, wenn wir allein sind. An anderen Tagen springt es uns aus einem Buch entgegen oder aus dem Mund eines Menschen, dem wir zufällig begegnen. Ab und zu finden wir es auch in einem alten, beinahe vergessenen Tagebuch, in dem wir uns klüger zeigten, als wir es jetzt zu sein scheinen. »Ja«, so lautet Gottes ewige liebende Antwort an uns. Wenn es nach ihm geht, dürfen wir ihn alles fragen. Es liegt an uns, die Fragen weise zu wählen.

»Gott, dich gibt es gar nicht. Und die Menschen sind egoistisch und schlecht. Stimmt's?« Auch wenn wir Fragen wie diese stellen, bekommen wir ein Ja zur Antwort. Gott schubst uns nicht in eine Richtung, er begleitet uns auf unserer Suche, wohin auch immer sie führt. Vielleicht hat er das Leid erfunden, um uns immer wieder vor neue Fragen zu stellen, deren Antworten uns irgendwann wieder glücklich machen.

Ideen für hilfreiche, horizonterweiternde Fragen finden wir unter anderem in der Beschäftigung mit der Religion. Da gibt es so viele Parabeln und Bilder, an die wir uns halten können. Verschiedene Glaubensrichtungen bieten uns unterschiedliche Brillen an, durch die wir blicken dürfen, um zu erkennen, wonach wir suchen könnten. Sogar die moderne Physik versorgt uns heute mit Thesen, die darauf hinweisen, dass wir viel mehr sind als Fleisch und Blut und dass unser Bewusstsein weit über das hinausgeht, was man als Mensch verstehen oder gar berechnen kann.

Wenn ich heute auf Menschen treffe, die keinen spirituellen Strohhalm mehr finden, an den sie sich halten können, schlage ich ihnen vor, sich fürs Erste ans Leben zu halten. Es muss ja nicht unbedingt das Jenseits sein, auf das wir uns verlassen. Vielleicht gibt es ja, für den Anfang, einen lieben Menschen, an den man glauben kann. Oder eine bessere Zukunft, auch wenn sie noch nicht zu sehen ist.

Warum glauben wir eigentlich daran, dass es uns guttut, wenn wir eine Weile spazieren gehen? Oder daran, dass die Sonne wiederkommt, wenn sie abends untergeht oder hinter Wolken verschwindet? Auch das kann uns doch niemand beweisen. Wir können es auch nicht aktiv herbeiführen wie in einem wissenschaftlichen Experiment. Unser Glaube an die Sonne, die durch die Wolken bricht, ist nichts als das Ergebnis unserer Beobachtungen. Wir haben es so oft gesehen, dass wir begonnen haben, daran zu glauben, dass es wieder und wieder passieren wird.

Wie vieles gibt es noch, woran wir glauben könnten, einfach, indem wir lernen, es immer wieder zu sehen? Ein Lächeln, das zurückkommt, wenn wir es schenken. Freundlichkeit, Herzlichkeit. Überraschende Hilfe. Schönheit, Ordnung, Harmonie. Vergänglichkeit, Heilung und Neubeginn. Je genauer wir hinschauen, je öfter wir uns die Mühe machen, uns zu vergewissern, umso mehr verschwimmen die Grenzen zwischen dem, was wir wissen, und dem, woran wir vermeintlich glauben müssen. Mystiker und Poeten haben uns gezeigt, dass man Gott in einer Rosenknospe oder im Sprudeln eines Gebirgsbachs finden kann. Auch wir können Ordnung, Verlässlichkeit, ja sogar Wunder entdecken. Wir müssen nur hinschauen. Irgendwann, bald, beginnen wir zu sehen. Und wenn man wirklich genau hinschaut, sieht man alles, was man braucht, um im Leben geborgen zu sein. Vielleicht sogar ein bisschen mehr.

Das deutliche Gespür für das Transzendente ist uns angeboren. Wie der Hunger, wie die Liebe, wie das Glück. Ich glaube: Wir hätten keinen Hunger, wenn es keine Nahrung gäbe. Wir hätten kein Programm für die Liebe, gäbe es niemanden, der diese Liebe empfangen könnte. Und wir würden nicht so dringend nach Gott fragen, wenn die Welt nur aus Dingen und der Mensch nur aus Knochen, Muskeln und Nervenzellen bestünde. Gott ist in uns hineingeboren, davon bin ich überzeugt.

Vor Kurzem habe ich ein Buch von Anselm Grün gelesen: »50 Rituale für den Alltag«. Grün erzählt davon, dass es zu seinen Ritualen gehört, jeden Morgen den Tag zu segnen, der vor ihm liegt. Er öffnet seine Hände nach oben und spricht den Segen aus. Spüren Sie es auch? Dieses Wort: segnen. Wir wissen sofort, was gemeint ist. Wir spüren die innige, tiefe Verbundenheit mit dem, was um uns und vor uns liegt, und wir bemerken, dass wir sie erzeugen können, indem wir der Welt unseren Segen geben. Wie kann das sein? Niemand hat uns jemals beigebracht, wie man segnet. Und doch können wir es, einfach so. Vielleicht haben wir irgendwann eine Handbewegung gelernt. Aber das, was sich dabei in unserem Inneren abspielt, entstammt einem Wissen, das nur aus uns selbst kommen kann. Segen: die Verbundenheit mit dem Unsichtbaren. Segnen: die Fähigkeit, die Zwischenräume in der sichtbaren Welt zu streicheln, und uns mit dem zu verbinden, was über uns selbst hinausgeht. Ganz ohne Berührung, nur in Form von Energie.

Unser Glaube darf immer wieder im Kleinen, Konkreten beginnen. Wir haben unsere Sinne – sie sind dafür zuständig, genau wahrzunehmen. Den Sinn dahinter, in ausgewählten Momenten und in besonderen Lebensphasen können wir ihn deutlich erkennen. Er stellt sich ein … und zerfällt wieder, wenn wir etwas sehen oder erleben, das nicht in unsere bisherige Ordnung passt. Damit ist aber nicht alles verloren. Wir dürfen einfach noch einmal von vorn anfangen und auf neue Weise neugierig sein.

Vor einiger Zeit habe ich ein paar Stunden bei einer Traumatherapeutin genommen. Ich befand mich in einer tiefen Krise. Nicht nur mein Glaube, sondern sogar mein Gefühl für mich selbst als Person schien mir zu dieser Zeit abhandengekommen. Ich fühlte mich brüchig, verzweifelt, verwirrt. In der zweiten Stunde reichte mir die Therapeutin ein Schälchen mit bunten Glassteinen. Sie forderte mich auf, die zwölf Steine aus der Schale in Form eines Kreises auszulegen. Das war nicht schwierig, schnell war ich zufrieden. Da reichte mir die Therapeutin einen weiteren Stein. »Er soll auch noch einen Platz im Kreis bekommen. Können Sie ihn einbauen? Nein, legen Sie ihn nicht in die Mitte, sondern zu den anderen, an den Rand.« Ich bemühte mich. Es dauerte ziemlich lang, bis alle Steine ihren neuen Platz gefunden hatten und der dreizehnte Stein nicht mehr wie ein Fremdkörper erschien.

Als ich mein Werk vollendet hatte, erklärte mir die Therapeutin, was hier gerade geschehen war. »Haben Sie es bemerkt? Um den neuen Stein einzubauen, mussten Sie jeden einzelnen Stein verschieben. Keiner konnte da liegen bleiben, wo er war. Aber jeder hat schließlich einen neuen Platz bekommen. So ist es auch im Leben. Es gibt Erlebnisse, die in unserer alten Ordnung keinen Platz haben. Wir gehen durch eine Phase, in der nichts mehr da bleiben kann, wo es ist. Zwischendurch sieht es so aus, als gäbe es gar keine Ordnung mehr. Das ist meistens ein Hinweis darauf, dass sich gerade eine neue höhere Ordnung offenbaren will. Es dauert nur eine Weile, bis sie sich zeigt. Solange wir nicht aufgeben und alles hinschmeißen, stehen die Chancen gut.«

»Ich kann nicht mehr glauben« – vielleicht ist dieser Zustand ein wichtiger Zwischenschritt auf dem Weg zu einer höheren Wahrheit, die sich noch nicht zeigt, aber schon darauf wartet, entdeckt zu werden. Heute frage ich mich nicht mehr, woran ich mit Sicherheit glauben kann. Ich weiß, dass mein Glaube weiterwachsen wird und dass Phasen des Zweifelns dazugehören, weil sie mich dazu bringen, genauer hinzuschauen und weiterzuforschen. Gibt es dies, gibt es jenes? Die Antwort ist immer nur das Ergebnis meiner momentanen Weltsicht.

Viel wichtiger als die Sicherheit über konkrete Glaubensfragen ist mir inzwischen eine andere Frage geworden: Welche Auswirkungen hat das, was ich glaube, auf mich und meine Umwelt? Ist es hilfreich für mich? Trägt mein Glaube dazu bei, dass ich mir selbst und den anderen mit Liebe begegnen kann? Helfen mir die Bilder, die ich in mir trage, dabei, mein Leben in Freundlichkeit, Freiheit und Verantwortung zu gestalten? Vermutlich besteht die Aufgabe des Glaubens nicht darin, die richtige, gültige Wahrheit zu finden. Ich denke, es geht vielmehr darum, unsere persönliche Vorstellung vom Leben und vom Tod so zu verfeinern, dass es uns gelingt, in Frieden zu leben, ohne allzu viel zu verdrängen, ohne anderen oder uns selbst Gewalt anzutun, ohne zu hassen und zu zerstören. Woran glauben wir? Diese Frage ist keine Prüfung, sondern ein immerwährendes, vielschichtiges Angebot, ein Füllhorn, aus dem wir uns bedienen dürfen und das immer wieder unseren Hunger stillt.

Für den Moment bin ich in einem Glauben angekommen, in dem der scheinbare Gegensatz zwischen Leben und Tod immer mehr verschwimmt. »Bist du am Leben oder tot?«, das ist für mich beinahe gleichzusetzen mit der Frage, ob ich nackt oder angezogen bin. Natürlich sitze ich gerade, während ich diese Zeilen schreibe, angezogen vor meinem Computer. Und doch: Die, die gerade noch nackt unter der Dusche stand, habe ich nicht im Badezimmer vergessen. Sie ist auch da, vollständig, so wie sie eben noch, nach dem Abtrocknen, im Badezimmerspiegel sichtbar war. Sie ist da, gleich unter meinen Kleidern. Natürlich bin ich angezogen. Und natürlich bin ich nackt. Das schließt einander nicht aus.

Ebenso ist auch die, die ich nach meinem Tod sein werde, längst in mir. Der Tod wird mich nicht automatisch, wie durch Zauberhand, zu einem völlig anderen Wesen machen. Er wird mir vielleicht ein bisschen mehr Spielraum verschaffen und mir helfen, mehr von dem zu erkennen, was es zu wissen gibt. Doch ich glaube, es gibt keinen Grund, den Engel, der ich bin, nicht jetzt schon zu leben. Das Kleid meines Menschseins schränkt mich ein wenig ein, aber es behindert mich nur da, wo ich es zu eng schnüre oder wo ich es mir unbequem mache, weil ich glaube, dass das sein muss, um »in« zu sein. Ich bin frei. Und ich trage schon jetzt die Verantwortung für mein Leben nach dem Leben.

Mein Mann und meine Kinder sind schon nackt, befreit von allen einengenden Kleidern. Wo sie sind, das weiß ich nicht. Ich denke, sie sind frei, sich zu bewegen, und nicht an einen Ort gefesselt. Wie sie sind allerdings, das kann ich mir gut vorstellen. Das Bild ist mir vertraut: mein Mann, meine Kinder in der Badewanne. Wo waren sie mehr sie selbst als da, beim Planschen, beim glücklichen Spiel mit dem knisternden Schaum? Ja. So, genau so stelle ich mir den Himmel vor. Für den Moment. So lange, bis mir ein anderes Bild besser gefällt.

Ich bin da

Natürlich passe ich
auf dich auf.

Nein, nicht wie die Wolke.
Sie hat doch keine Augen,
du bist komisch,
Mama.

Ich passe besser
auf dich auf.

Aber nicht so wie früher.
Da war ich ja noch
viel zu klein.

Ich bin
ein bisschen
vorausgegangen.
Bergauf.

Weißt du noch?
So wie immer, weil ich es
kaum erwarten konnte,
dass wir ins Auto steigen.

Ich war so
gerne
auf der Fahrt.

Und jetzt habe ich einen guten
Überblick.
Als Ahne ...

Hast du eine Ahnung,
Mama,
wie gut ich
aufpassen kann,
von hier?

Warum?

Ich habe seit dem Tod meiner Familie über tausend persönliche Mails bekommen. Sie kamen von Bekannten und Fremden, von den Lesern meines ersten Buchs, oft von Eltern, die sich dank meines Schicksals daran erinnern, wie groß das Geschenk ist, lebende Kinder zu haben. Die meisten Mails bekam ich von Betroffenen, die selbst um einen geliebten Menschen trauern. Viele der Texte enthalten berührende Lebens- und Todesgeschichten – und fast immer die eine oder andere offene Frage. Ein Wort kommt dabei mit Abstand am häufigsten vor. *Warum musste das nur geschehen? Warum musste er, warum musste sie sterben? Warum hat Gott mir das angetan?*

Warum?

Mein heutiger Lebensgefährte hat mir seine eigene lustige Antwort beigebracht. Er hat sie wiederum von seiner pubertierenden Tochter aufgeschnappt: »Na, weil!« Ganz simpel. Diese Antwort ist ganz brauchbar, an manchen Tagen. Aber wenn es um den Tod und um die Frage des Schicksals geht, wird sie leicht zur Provokation. Nicht alles lässt sich durch ein Lachen lösen oder durch eine vorlaute

Replik. Und ich glaube, je kürzer eine Frage ist, umso länger muss die Antwort sein, die in der Lage ist, den Schmerz zu stillen und all das aufzufangen, was schweigt, weil es noch nicht gefragt werden kann.

Vor Kurzem habe ich meine kleine Nichte zum Tierarzt begleitet. Ihr geliebtes Kaninchen war krank und musste eingeschläfert werden. Auf dem Heimweg konnte sie sich vor Tränen kaum halten. Sie klammerte sich an den leeren Hasenkäfig, den sie unbedingt allein tragen wollte, und verweigerte das aus Tantensorge angebotene Taschentuch. Wir schwiegen. Ich wusste nicht, was ich sagen sollte, und auch sie fand noch keine Worte für ihren Schmerz. Kurz bevor wir die Wohnung erreichten, blieben wir an einer roten Ampel stehen. Marie starrte auf den Verkehr, dann, plötzlich, hob sie den Blick. »Warum musste Mopsi sterben?«

Was konnte ich antworten? Ich, die Tante mit Trauererfahrung, die Trauerbegleitungstante, die ausgewählte Kaninchensterbebegleiterin, der Profi, wenn es um das Sterben ging – ich wusste, dass keine Antwort richtig war, weil nichts, was ich sagen würde, den Schmerz lindern würde. Doch ich machte einen Versuch. Ich erklärte meiner Nichte, dass Mopsi Schmerzen gehabt hatte und nun bestimmt erlöst war.

»Ja, aber warum gibt es überhaupt Schmerzen?« Eins zu null für Marie.

»Ich weiß es nicht.« Die Ampel sprang auf Grün, und ich sprach im Gehen weiter. Ich erzählte vom Hasenhimmel und davon, wie gut das Gras und wie süß der Klee dort drüben schmeckt, und wie lustig es sein muss, ohne Käfig zu leben. Marie wurde ein bisschen wütend. »Mein Futter hat ihm gut geschmeckt. Und er durfte immer frei herumlaufen, nur in der Nacht ist er in den Käfig gekommen.«

Noch gab ich mich nicht geschlagen. Ich begann zu rechnen. Ich erklärte, dass die Welt zu klein wäre für alle Kaninchen und ihre zwanzig Kinder und vierhundert Enkel und tausendsechshundert Urenkel und ...

»Das ist mir egal. Ich will wissen, wieso ausgerechnet Mopsi sterben musste.« Wir waren zu Hause angekommen. Ich war mit meinem Latein am Ende. Ich hatte nur noch eine feste Umarmung und eine Schachtel Schokobananen zu bieten. Zum Abschied bekam ich immerhin ein kleines Lächeln.

»Ich habe von Mopsi geträumt, er ist im grünen Gras gehüpft«, schrieb mir Marie am nächsten Tag per SMS. Das war noch keine Antwort auf ihre Frage, aber ein erster, wichtiger Trost. Lieber Mopsi, alles Gute auf der Reise. Wir denken bis heute an dich.

»Warum fragen wir andauernd nach dem Warum, obwohl es doch keine Antwort gibt?« Das fragte mich einmal ein siebzehnjähriges Mädchen in einer Mail. Diese Frage ist fortgeschritten. Ich mag sie. Sie fordert mich heraus, die Ebene der einfachen, banalen Antworten zu verlassen. Lebenserfahrung und Logik helfen in dieser Angelegenheit nicht weiter, die Gleichung enthält einfach zu viele Unbekannte. Warum fragen wir nach dem Warum? Ich will meine Antwort in Form einer Geschichte geben.

Vor vielen Jahren, ich hatte in der Schule gerade begonnen, Französisch zu lernen, schenkten mir meine Eltern zum Geburtstag einen Langenscheidt-Vokabeltrainer. Sie wussten, wie sehr ich in die französische Sprache verliebt war. Ich wünschte mir nichts sehnlicher, als mich möglichst schnell verständlich machen zu können, und träumte davon, allein in die Bretagne zu reisen, zu einer Familie, die weitläufig mit uns verwandt war und mit der ich nur einmal, als kleines Kind, im schönsten Sommerurlaub meines Lebens zusammengetroffen war. So bald wie möglich wollte ich sie besuchen und mich mit ihnen unterhalten, und zwar in ihrer Sprache. Wie schön wäre es, diese meine Verwandten irgendwann verstehen zu können!

Das Vokabelbuch war blau, und ich kann mich noch genau an den Inhalt des ersten Kapitels erinnern. »Grundwortschatz Französisch«, so lautete der Titel, und im einleitenden Absatz erklärten die Autoren, dass es in fast jeder Sprache einen höchst überschaubaren Grundstock an Wörtern gibt, die fünfzig Prozent eines jeden beliebigen Textes ausmachen. Ich war sehr aufgeregt, als ich die Seite umblätterte. Genau hundert Vokabeln waren es also, die ich mir einprägen musste, und dann wäre ich tatsächlich schon eine halbe Französin!

Die Ernüchterung folgte auf den Fuß. Denn so häufig die Wörter *est, un, je, et, suis* und à auch vorkommen und so gut man sie auch gepaukt hat, Verständnis stellt sich erst ein, wenn man mindestens weitere viertausend Wörter kennt, jene nämlich, die den Text erst mit Sinn erfüllen.

»Ich bin« … nun, wer bin ich denn?

»Zu einem« … ja, zu einem was?

»Ein und von hat nicht«.

Willkommen in Frankreich, Ihr Retourticket haben Sie hoffentlich schon zu Hause gebucht.

Würde man versuchen, einen Grundwortschatz der Trauer zu erstellen, es wäre nicht schwierig, die wichtigsten Vokabeln aufzulisten. Einige liegen mir schon auf der Zunge: Sinn, Schmerz. Nie, mehr, kann. Hilfe, nein. Danke.

Warum. Ob dieses Wort die Liste als Favorit anführt oder nicht, weiß ich nicht. Sicher ist: Es rangiert auf einem der obersten Plätze und ist vermutlich Sieger in der Kategorie »stumme Worte«, also jener Gedanken, die man sehr oft im Kopf hin und her wendet, ohne sie laut auszusprechen. Warum? Warum du? Warum jetzt? Warum … ich? Wir wissen, dass es keine Antwort gibt. Und doch hören wir nicht auf zu fragen.

»Hör auf zu grübeln. Schau lieber nach vorn.« Immer wieder musste ich diesen gut gemeinten Rat über mich ergehen lassen. Wenn er aus dem Mund einer Freundin kam, klang er für gewöhnlich sanft und wohlwollend, hatte aber wenig Erfolg. Noch öfter habe ich mir diesen Befehl selbst erteilt, unduldsam, in strengem Ton, aber das klappte noch weniger.

Was willst du bloß von uns, liebes Warum? Bist du wirklich nur gekommen, um uns das Leben schwer zu machen? Warum fragen wir nach dem Warum? Ich möchte nur zu gern daran glauben, dass unser Suchen nicht vergebens ist. Sicher ist: Wir stellen diese Frage nicht, um uns wichtig zu machen oder um uns Aufmerksamkeit zu holen. Wir erfinden sie auch nicht, weil unserem Gehirn gerade nichts Besseres einfällt. Auch wir würden lieber schlafen oder gute Bücher lesen, als uns mit ihr herumzuschlagen. Aber irgendetwas in uns hat offenbar gute Gründe, so beharrlich bei der Sache zu bleiben.

Noch einmal will ich zu meinen Französischlektionen zurückkehren. Im Geist überspringe ich die ersten vier Semester meines Unterrichts und fliege in den französischen Sommer, direkt an die Côte d'Azur. Ich verbrachte dort, in Cannes, meine ersten Sprachferien. Eine überaus freundliche Gastfamilie hatte mich bei sich aufgenommen, um mit mir Konversation zu üben. Maman, die Gastmutter, war eine großartige Köchin, und jeden Abend tafelten wir gemütlich auf dem Balkon, während die Sonne vor unseren

Augen ihr rotes Nachtgewand anzog und sich schließlich im Meer schlafen legte.

An einem der letzten Abende meines Urlaubs, ich hatte schon viel gelernt und konnte mich mittlerweile recht gut verständlich machen, zeigte ich mich ganz verzückt vom Geschmack des Fleisches auf meinem Teller. So etwas hatte ich noch nie gegessen!

»Qu'est-ce que c'est?«

Ich habe noch die Stimme meiner Gastmutter im Ohr, wie sie auf meine Frage, was das sei, verschwörerisch flüsterte und sich dabei, wie immer, um besonders deutliche Artikulation bemühte.

»C'est du ... *canard!*«

Aha. Das Wort kannte ich nicht, und ich hatte auch nach dieser geheimnisvollen Offenbarung keine Idee, welches Tier ich hier vor mir hatte. Im Wörterbuch nachschlagen konnte ich nicht, denn – Regel Nummer eins im Sprachurlaub – das hatte ich zu Hause in Österreich liegen lassen. Lachtränen und verzweifeltes Stirnrunzeln wechselten einander ab, während Gastmutter und Gastvater sich höchste Mühe gaben, mir die Herkunft des Ragouts zu erklären. Sie schlugen eifrig mit imaginären Flügeln, malten unsichtbare Bilder auf das Tischtuch, doch ich hatte offenbar ein dickes Brett vor dem Kopf. Dass es kein Kanarienvogel war, der mir so schmeckte, wurde mir irgendwann klar, aber mehr schon nicht. *Canard*, das ist natürlich eines der viertausend Wörter, die sich irgendwann an das Skelett des gelernten Basiswortschatzes anhängen. Es gehört zu jenen sinnstiftenden Vokabeln, die das Leben erst schmackhaft und die Sprache lebendig machen.

Ich habe an jenem Abend viele neue französische Begriffe gelernt. See, Flügel, Vogel, fliegen und gewiss noch mehr.

Außerdem habe ich großen Spaß gehabt. Und richtig gut gegessen, mit Freunden, die mir durch das gemeinsame Ringen um Worte ein ganzes Stück nähergekommen sind. Das Wort Canard habe ich mir gewissenhaft auf einer Serviette notiert und nach meiner Rückkehr zu Hause endlich nachgeschlagen. Bis heute habe ich zu Entenragout ein ganz besonders inniges Naheverhältnis.

Ente, Kanarienvogel, Ragout. Karma, Nahtoderlebnisse, Paralleluniversen. Nicht enden wollend ist der Schatz an Sprache und Gedanken, die man am knochigen Gerüst einiger weniger Grundvokabeln anhängen kann. Die Sprache, die die Trauer uns abverlangt, sprechen die wenigsten von uns von Beginn an fließend. Wörterbücher gibt es nicht zu kaufen, vermutlich mussten wir sie zu Hause lassen, als wir unsere große Reise zur Erde angetreten haben. Die Frage nach dem Warum hingegen gehört spätestens seit unserem dritten Lebensjahr zu unserer verbalen Basisausstattung.

Liebes Warum, kann es sein, dass du in unser Leben getreten bist, um unsere Entwicklung voranzutreiben? Hast du dich als die große Unbekannte verkleidet, damit wir dich auf möglichst vielfältige Weise ergründen und dabei, wie aus Versehen, viel mehr finden als nur simple Antworten? Mit deiner Hilfe erlernen wir die Sprache der Trauer, die Sprache des Glaubens, die Sprache eines neuen Lebens. Du öffnest die Türen für Gespräche, in denen wir Nähe und Mitgefühl erleben und dazu noch eine Menge neuer Vokabeln lernen. Du bringst uns dazu, Bücher zu besorgen und beim Lesen unseren Wortschatz und unsere Grammatik weiter zu trainieren. Immer wieder schickst du uns auch in die Stille, um das Gelernte zu verarbeiten.

An uns stellst du dabei nur eine Bedingung. Wir müssen es ernst mit dir meinen und wirklich fragen. Wenn wir eines Tages beginnen, mit dir zu hadern, sollten wir uns besser selbst an der Nase packen und einen Schritt vor die Tür machen. Kann es sein, dass wir bei der Suche nach dem Schlüssel, der in alle Schlösser passt, allzu heftig in den Taschen gekramt und nicht bemerkt haben, dass uns dabei etwas Wichtiges heruntergefallen ist? Unsere Neugier vielleicht oder unser Hunger nach neuen, überraschenden Antworten. Oder das Wichtigste: jenes Fragezeichen, ohne das kein Fragewort seine wahre Kraft entfalten kann. Tragen wir es noch bei uns, oder ist es uns aus Versehen abhandengekommen?

Wie jeder gute Sprachlehrer lauschst du, liebes Warum, vor allem auf unsere Sprachmelodie. Wenn du uns dabei ertappst, dass wir in eintöniges Murmeln verfallen sind, in ein trockenes Warumnurwarum, dem jede Aufwärtsbewegung der Stimme fehlt, schickst du uns eine Weile in den Arrest und stellst deine Lektionen fürs Erste ein, so lange, bis wir wieder bereit sind, die nächste Stufe der Erkenntnis zu erklimmen. Wenn wir unsere großen Augen und unseren fragenden Geist wiedergefunden haben, zeigst du dich sofort wieder großzügig und schickst uns den nächsten Gesprächspartner oder das nächste leise Flüstern unserer inneren Stimme.

Liebes Warum, lass uns weiter zusammenarbeiten. Ich will deine gelehrige Schülerin sein. Vielleicht lerne ich deine Sprache ja eines Tages so gut, dass ich in fließendem Erkenntnisdeutsch sagen kann: Meine Familie musste sterben oder durfte sterben, zu Ostern 2008, weil sie auf der anderen Seite gebraucht wurde. Weil ein Schmetterling in China mit dem Flügel schlug. Weil alles im Himmel und auf Erden auf großartige Weise miteinander in Verbindung steht. Und weil ich selbst hier auf Erden noch etwas Bestimmtes erfahren sollte, etwas Wichtiges, dem man eigentlich nur einen Namen geben kann, und zwar …

Alles klar? Natürlich nicht. Das letzte Wort wird immer fehlen, das sagt mir der gesunde Menschenverstand. Und das Wörterbuch, das mir Antwort geben könnte, liegt irgendwo an einem fernen, unerreichbaren Ort. Doch der Rückflug ist längst gebucht, so viel ist gewiss. Inzwischen will ich die Ferien genießen und meine Fragen auf Servietten notieren. Zu Hause schlage ich dann alles nach, was offen geblieben ist. Vermutlich werde ich dann vor Verblüffung mit der Hand an meine Stirn schlagen und mich selbst auslachen, weil die Antwort doch so nahegelegen hatte.

Wie konnte es nur sein, dass ich darauf nicht gekommen bin?

Und wenn du

Und wenn du
Worte suchst:
Du findest sie,
gleich zwischen deinen Ohren.

Sie fliegen
wie Schwalben,
gelenkt von Sommerwind
und Lust.

Du musst sie nur locken,
musst sie verführen,
in eine Richtung zu fliegen.
Bau ihnen ein Nest,

ein warmes, aus rotem Tagebuch
und Tinte,
blau oder schwarz
wie das Federkleid.

Bitte den Wind,
die Richtung zu formen,
milde, nicht zu harsch.
Erschrecke die Vögel nicht.

Und nun
sei still.
Und sitze.

Nichts als das.
Sie werden kommen,
die Schwalben, in ihr Nest.

Und mit ihnen weht
der Duft von
Gras.

Warum gerade du?

Die guten, die besten Menschen sterben immer zu früh. Ja, tatsächlich könnte man manchmal den Eindruck haben, dass der Himmel es gerade auf sie am meisten abgesehen hat. Engel auf Erden, liebevolle Sonnenwesen – egal, wann sie gehen, ob mit drei Monaten oder mit neunundachtzig Jahren, sie hinterlassen ein großes, trauriges Loch in unserem Leben, das durch nichts und niemanden zu stopfen ist. Zu früh, viel zu früh.

»Warum gerade er? Warum gerade sie?«, fragen wir uns.

Vor einiger Zeit habe ich eine Frau getroffen, die sich diese Frage schon als Kind stellen musste. Ihre kleine Schwester war mit vier Jahren an Kinderlähmung gestorben, sie selbst war damals acht Jahre alt. Der Pfarrer ihrer Gemeinde versuchte, sie zu trösten: »Der liebe Gott hat deine Schwester eben besonders lieb gehabt. Deshalb hat er sie schon jetzt zu sich geholt.«

Noch heute ärgert sich die Frau über die wenig durchdachte Erklärung des Pfarrers. Denn damals, mit acht Jahren, nahm sie seine Worte sehr ernst. Was als Trost gemeint war, löste in der Schwester Gedanken aus, die ganz und gar nicht erlösend waren. Gedanken, mit denen das kleine Mädchen allein blieb. *Hat mich Gott denn weniger lieb als meine Schwester? Und ... was ist das für ein Gott, der mir meine Schwester wegnimmt und sie nur für sich haben will?*

Was ist das für ein Gott? Und was ist das für ein Pfarrer, der ein Kind in solche Verwirrung stürzt? Ich denke, der geistliche Herr war wohl damals genauso ratlos wie alle anderen. Ich kann seinen unbeholfenen Versuch verstehen. Es fühlt sich einfach nicht richtig an, wenn Kinder sterben. Es macht uns sprachlos. Es ist biologisch verkehrt, es ist schrecklich und immer, immer viel zu früh. Was können wir schon zu so einer Ungerechtigkeit sagen? Im Grunde sind alle Worte falsch. Oder?

Ich erinnere mich an den 23. März 2010. Es war Finis zweiter Todestag. Zwei Jahre, das ist gar nicht viel. Es fühlte sich noch immer so an, als wäre mein kleines Mädchen eben erst gestorben. »Wahnsinn. Fini ist jetzt schon länger tot, als sie überhaupt gelebt hat.« Obwohl ich es laut aussprach, konnte ich es kaum fassen. Die Zeit ist grausam, dachte ich. Sie vergeht, einfach so, und nichts kann sie aufhalten. Schwupps, da sind zwei Jahre vergangen, drei, vier, ... und schon ist es eine Ewigkeit.

»Und doch ist sie da«, sagte mein Partner. Ich nickte. Und wie sie da war, meine Fini. Ich spüre sie bis heute als Sonne in meinem Bauch, ich sehe ihr Lachen, ich spüre die erdige, fröhliche Ruhe, die ihr eigen war. Fini hat nur zweiundzwanzig Monate gelebt. Doch das, was sie war, wirkt bis heute weiter. Manchmal denke ich, ihre Seele ist wie ein Sonnenstrahl, auf dem das Licht ihres kleinen Menschenlebens in meine Gegenwart und weit bis in die Zukunft scheint. Finis Leben war prall und voll. Ich glaube, mein

Mädchen hatte ein sehr glückliches Leben, sie blieb verschont von vielen Mühen des Erwachsenwerdens. Sie hat sich die Rosinen aus diesem Leben herausgepickt. Das Einzige, was sie durchleiden musste, waren die Windpocken, im Alter von einem Jahr. Aber sonst ... im Grunde erlebte sie nichts als eitel Sonnenschein.

Wäre ich Pfarrer und müsste ein Mädchen trösten, dessen kleine Schwester gestorben ist, ich würde lieber darauf verzichten, über Gottes Gründe zu spekulieren. Lieber würde ich der großen Schwester ein paar Fragen stellen: »Was glaubst du denn, wo ist deine Schwester jetzt? Ist es dort schön? Ist es genauso schön wie hier oder sogar schöner? Beneidest du deine Schwester um den Platz, wo sie ist? Glaubst du, dass sie dich auch ein bisschen beneidet um das, was wir hier haben? Was könnten wir tun, um uns das Leben hier auf Erden möglichst schön, vielleicht so schön wie im Himmel zu machen? Meinst du, dass uns der Gedanke an deine Schwester dabei helfen kann, den Himmel auf Erden zu erschaffen?« Die schönste Frage von allen würde ich mir bis zum Schluss aufheben: »Sag mal, warum, denkst du, hat deine Schwester eigentlich gelebt?«

Das Leben meiner kleinen Fini war kurz, aber nicht vergebens. Ich denke, sie hat viele schöne Erfahrungen gesammelt, hat sich ein großes Paket an Liebe und Freude abgeholt, mit dem sie nun weiterreist. Und auch uns, die wir zurückbleiben, hat sie einiges hinterlassen. Wärme, Selbstverständlichkeit, Unmittelbarkeit, den vertrauensvollen Blick eines glücklichen Kindes, den Geruch ihrer warmen Locken, den ich nie vergessen werde. Fini hat mir beigebracht, dass »Sitzen« eine Tätigkeit ist, der man seine volle Aufmerksamkeit schenken kann. »Sitzen«, das war eines von Finis Lieblingsspielen. Sie konnte sich lange damit beschäftigen, Haltungen auszuprobieren, Sessel zu vergleichen, aufzustehen und sich immer wieder genüsslich niederzulassen. So hat sie mich gelehrt, auch die kleinen, scheinbar selbstverständlichen Momente bewusst zu erleben und das Genießen nicht zu vergessen, das sich wie von selbst ergibt, sobald ich innehalte und spüre, dass mein Körper getragen ist.

»Ja!« Auch dieses Wort gehört zu Finis Erbe. Was auch immer man ihr vorschlug, sie nahm es strahlend, mit Begeisterung an. Sie sagte Ja und hüpfte, sie war voll dabei, jetzt, sofort, im Moment. Auch Finis Ja lebt weiter, ich hege und pflege es jeden Tag. Es hilft mir in schweren Momenten, in depressiven Phasen, es hilft mir, die Dinge kraftvoll anzupacken und mich immer wieder neu aufs Leben einzulassen. Ja! Ist das nicht eigentlich die einzig mögliche Antwort auf dieses herrliche Leben, das sich täglich neu gebiert? Manchmal denke ich, dass ein kräftiges Ja sogar den Tod überwinden kann. Ich hoffe, dass ich eines Tages begeistert hüpfend wie Fini durch den Tunnel fliegen werde, der mich nach drüben bringt. Finis Ja wird mich auf meinem Weg begleiten, wohin auch immer er führt.

Warum hat Fini gelebt? Ich könnte noch viele Antworten geben. Das Geschenk ihres Lebens ist so groß, so lebendig, dass die Tatsache ihres Todes daneben beinahe verblasst. Und doch möchte ich mich der ursprünglichen Frage noch einmal annähern: Warum musste Fini sterben? Warum *gerade* sie? Eine Frage ohne gesicherte Antwort. Eine Frage, über die ich nur spekulieren kann. Ich habe mir angewöhnt, solche Fragen willkommen zu heißen und auch die wortlose Stille zu genießen, mit der sie mich konfrontieren. Die Unfähigkeit, schnelle Antworten zu finden, wächst mir im wörtlichen Sinne über den Kopf. Meine Sprachlosigkeit spannt sich über mir auf wie ein Regenbogen, der keinen Anfang und kein Ende hat. Ich kann die Antwort nicht fangen, ich finde keinen Schwanz, keinen Schopf, an dem ich zupacken kann. Alles, was ich tun kann, ist, den Regenbogen zu betrachten und mich in seine Farben zu vertiefen, so lange, bis eine von ihnen zu sprechen beginnt.

Für viele trauernde Menschen ist der Regenbogen ein liebes Zeichen von drüben. Ein Winken, ein sanfter Ruf. Auch ich werde wohl nie mehr einen Regenbogen sehen, ohne sofort an Heli, Thimo und Fini zu denken. Ist das Zufall? Und ist es nur ein simples Hallo, das da vom Himmel kommt, oder hat gerade der Regenbogen eine tiefere Botschaft für uns?

Für mich ist jeder Regenbogen eine Erinnerung daran, mein Leben, meine Probleme, meinen Schmerz in allen möglichen Schattierungen zu betrachten. Feine Wassertröpfchen spalten das Licht der Sonne in einzelne Farben. Das Symbol des Regenbogens kann unsere Aufmerksamkeit auf die feinen, nuancierten Wege lenken, die abseits der dicken Autobahnen in unserem Kopf verlaufen. Herzenswege. Fantasiewege. Kopfstandwege, Purzelbaumwege, Kinderwege und Wege der großen Alten. *Schau genau,* raunt er uns zu. *Wirf nicht alles in einen Topf. Sieh die Farben und beschränke dich nicht auf einen Blickwinkel. Setze verschiedene Brillen auf. Betrachte alles, was es zu sehen gibt. Und vergiss nicht, dass es darüber hinaus sogar noch mehr gibt als das, was du mit bloßem Auge siehst.*

Warum musste gerade Fini sterben? Ich habe mir angewöhnt, nach den Fragen Ausschau zu halten, die sich gleich hinter der ersten, offensichtlichen Frage verbergen. Dabei hilft es mir, die einzelnen Wörter zu betrachten, als trüge jedes von ihnen eine geheime Botschaft, die mir einen brauchbaren Hinweis geben kann.

Musste Fini denn sterben? Was bedeutet es, zu sterben? Ist es eine Strafe? Eine lästige Pflicht? Oder wäre es möglich zu denken, dass Fini sterben *durfte*, auf dem Höhepunkt eines seligen warmen Kleinkinderlebens? Ist es erlaubt, den Tod als Happy End zu betrachten? Wie wäre es, wenn die Märchen der Brüder Grimm so ausgehen würden: *Und sie lebten glücklich, so lange, bis sie starben, und am Ende sagten sie der Welt in Frieden Lebewohl.* Ich hätte nichts gegen ein solches Ende.

Fini lag im Koma, ehe sie nach drüben ging. Als ich im Krankenhaus an ihrem Bett stand, sprach ich ihr drei Tage lang ununterbrochen Mut zu. Ich erzählte ihr von dem Leben, das noch vor ihr lag, und von allen Herrlichkeiten, die ich noch mit ihr unternehmen würde. Erdbeereis, Schokoladenkuchen, Disneyland, Picknick unter freiem Himmel, Snowboardfahren, Sandburgen und Urlaube auf dem Bauernhof. Ich malte ihr ein Kinderparadies auf Erden. Dabei hatte ich Angst, auch nur für ein paar Minuten von ihrem Bett zu weichen. Meine Geschichten, meine Pläne, sie waren wie magische Formeln, mit denen ich Fini beschwor. Ich durfte nichts auslassen, ich durfte nur ja keine Pause machen. Ich musste meine Tochter überreden, zurückzukommen – ins Leben und vor allem: zu mir.

Irgendwann bemerkte ich, wie manipulativ ich da auf mein kleines Mädchen einredete. Ich wollte sie um jeden Preis zwingen, am Leben zu bleiben, mein Herz duldete keinen Widerspruch. Und doch tauchte eine Ahnung am Horizont auf, die sich immer kräftiger zu Wort meldete.

Was immer ich auch versprach – konnte es tatsächlich mit dem Licht konkurrieren, vor dem meine Tochter gerade stand? Und … hatte ich mir auch nur einen Moment lang überlegt, was Fini selbst wollte? Wer war ich, sie so zu drängen, sie zu zwingen? Als Mutter hatte ich es stets als meine Aufgabe gesehen, meine Kinder auf ihrem Weg zu begleiten, ohne sie zu manipulieren. Durfte ich diesen Grundsatz nun, da es ums Ganze ging, tatsächlich über Bord werfen? Oder ging es nicht gerade jetzt darum, dem treu zu bleiben, was uns allen wichtig gewesen war?

Ich begriff: Fini würde ihre Entscheidung treffen, wie auch immer sie ausfallen würde. Ich war ihre Mama, und ich würde ihr beistehen, egal, wohin ihre Reise ging. Wenn Fini sterben, wenn sie zu ihrem Papa und zu ihrem Bruder reisen wollte, ins helle, warme Licht der Ewigkeit, so würde nichts und niemand sie aufhalten können. Mit einem Mal erschien mir mein kleines Mädchen, das da so zart und zerbrechlich im Bett lag, riesig groß, kräftig und unendlich weise. Ich verstand, dass ich ihr vertrauen konnte. Sie wusste, was sie tat, sie würde die richtige Entscheidung treffen. Sie war groß. Viel größer als ich.

Wir sind Reisende, auf dieser Erde und vermutlich auch darüber hinaus. Nur wir selbst können wissen, wann es an der Zeit ist, den nächsten großen Schritt zu tun. Ein selbstbestimmtes Leben – es darf nicht haltmachen vor dem Tod. Musste Fini sterben? Ich weiß es nicht. Doch ich halte mich offen für die Möglichkeit, dass sie ein Wörtchen mitzureden hatte und genau am 23. März 2008 sterben *wollte*. Warum auch immer. Vermutlich hatte sie gute Gründe, die ich nur erahnen kann. Die Idee des freien Willens schenkt mir bis heute Mut und Vertrauen. Und das Gefühl, sehr stolz auf meine Tochter zu sein. Sie war unglaublich mutig,

denn sie hatte die Kraft, ihren eigenen großen Weg weiterzugehen.

Warum nun *gerade* sie? Die nächste Frage, das nächste
kleine, wichtige Wort. Es erinnert mich an eine Geschichte
von Buddha, die Sie vielleicht schon kennen. Falls nicht, sei
sie hier erzählt.

Es war einmal eine Frau, Gotami war ihr Name. Sie war
untröstlich, denn ihr einziges Kind war gestorben. Sie lief
mit dem Leichnam ihres Kindes umher und suchte nach
jemandem, der ihr helfen und ihr Kind wieder zum Leben
erwecken könne. Man lachte sie aus, man schüttelte den
Kopf. Schließlich fand sich jemand, der sie zu Buddha
schickte. Er allein könne vielleicht helfen. Der Buddha hörte der Frau voll Mitgefühl zu. Dann sagte er: »Es gibt nur
ein Mittel gegen dein Leiden. Geh hinunter in die Stadt und
bring mir ein Senfkorn mit aus einem Haus, in dem noch
nie jemand gestorben ist.« Gotami klopfte an jede Tür, die
sie finden konnte. Senfsamen gab es überall, doch nirgends
fand sich eine Familie, in der es noch nie einen Todesfall
gegeben hatte. Die trauernde Mutter begriff. Sie war mit
ihrem Schicksal nicht allein. Endlich konnte sie den Tod
ihres Kindes akzeptieren und den Leichnam bestatten lassen. »Hast du Senfsamen?«, fragte Buddha, als sie wieder
zu ihm kam. Nein, Gotami hatte kein Senfkorn. Und doch
war sie von ihrem Leiden geheilt. Sie blieb bei Buddha, um
sich seinen Lehren anzuvertrauen.

Wir sind nicht die Ersten und auch nicht die Einzigen,
die trauern. In der Geschichte des Buddha führt diese Erkenntnis sehr rasch zur Heilung. In meinem Leben dauerte
es etwas länger, bis ich den Trost annehmen konnte, der in
dieser Botschaft liegt. Bald nach dem Tod meiner Familie
bekam ich viele Mails von lieben Frauen, deren Kinder

ebenfalls gestorben waren. Ich beantwortete sie nicht. Ich wollte mich nicht verglichen wissen. Nein: Ich trug meinen Schmerz wie eine Trophäe. Er war mir kostbar, ich brauchte seine herausragende Einzigartigkeit, ich wollte nichts relativieren. Ich war noch nicht bereit, den Trost der Gemeinschaft zu empfangen.

Es gibt Zeiten, da ist unsere Seele taub wie eine erfrorene Hand. Man reicht uns liebe Gesten, man schenkt uns Worte der Verbundenheit. Sie sind wie warmes Wasser – doch wenn wir eintauchen, schmerzt es zunächst noch mehr als vorher. Wir müssen uns erst an das Prickeln und Brennen gewöhnen. Denn mit jeder Handreichung, der wir zustimmen, sagen wir auch ein wenig mehr Ja zum Tod – zu seiner Gegenwart, zu seiner Endgültigkeit und auch zu der neuen Rolle, die wir als Witwen, als verwaiste Eltern, als Hinterbliebene einnehmen. Das ist nicht leicht, es braucht viel Zeit. Doch irgendwann können wir erkennen, dass wir selbst mit dem schlimmsten Schicksal nicht allein sind. Niemand kann uns den einzigartigen Schmerz, die einzigartige Sehnsucht nehmen, die in uns brennt. Doch viele verstehen, worunter wir leiden. Wir sind nicht allein, und es kommt der Tag, an dem diese Tatsache tatsächlich trösten kann.

Als ich mit meiner Ausbildung zur Lebens- und Sozialberaterin begann, gaben uns die Ausbildungsleiter einen ganzen Tag Zeit für einen Vorstellungskreis. Jeder aus der Gruppe sollte zwanzig Minuten lang erzählen, wer er war. Mein Kopf wusste natürlich sofort, was es über mich zu sagen gab. Vier Jahre nach dem Tod meiner Familie war ich immer noch *die Frau mit dem Schicksal*. Ich hatte mich schon daran gewöhnt. Zwanzig Minuten, da war immerhin genug Zeit, um auch über meine Vergangenheit als Clown, als Musikerin, als Jongleurin zu erzählen. Und

doch wusste ich, dass der Tod meiner Familie die Haupt-
rolle spielen würde. Aufgeregt und ein wenig bange wartete
ich darauf, dass ich an die Reihe kam. Wie würden die anderen mit meinem Schicksal umgehen?

Wir würfelten. Wer eine Sechs warf, kam ans Wort. Ich
war eine der Letzten, die zum Erzählen kamen. *Die Frau
mit dem Schicksal* – als ich schließlich an der Reihe war,
hatte das keine besonders große Bedeutung mehr. Fünfzehn
Menschen hatten vor mir erzählt, und sie alle trugen einen
Rucksack, den sie im Lauf ihres Lebens bekommen hatten.
Scheidungen, Familiendramen, Flucht. Unfreiwillige Berufs-
wechsel, Krankheiten, Todesfälle. Was ich erlebt hatte, war
nicht mehr und nicht weniger als ein Schicksal von vielen.
Es tat mir unglaublich gut, nicht außergewöhnlich oder besonders »arm« zu sein. Ich war so weit, den Trost darin zu
erkennen, dass es allen schon einmal schlecht gegangen war.
Ich brauchte mein Drama nicht mehr. Ich tauschte es gern
ein gegen ein Gefühl der Geborgenheit inmitten einer illus-
tren Gemeinschaft von Schicksalen aller Art.

Jeder trägt sein Los, klein oder groß, tragisch oder
schmerzhaft banal, offensichtlich oder kaum zu verstehen.
Dabei ist es nicht immer nur das Leid, das uns leiden lässt.
Ich kenne Menschen, die sind so vom Leben verwöhnt,
dass sie selbst das als Last und Hypothek empfinden, weil
sie Angst haben, das unverhoffte Glück eines Tages zu verlieren. Welches Schicksal wiegt am meisten? Welches Drama erhebt uns über alle anderen Menschen, die Leid erfahren? Ich glaube, niemand von uns kann das beurteilen.
Egal, ob wir trauern, Schmerzen haben, aus Langeweile
vergehen, vor Entscheidungen kapitulieren oder Angst haben vor unserem eigenen Glück, wir alle teilen letztlich das
eine große Schicksal: das Schicksal, Mensch zu sein. Wir

alle sind mit dem Tod, mit der Vergänglichkeit, mit der Unberechenbarkeit und dem unaufhaltsamen Fluss des Lebens konfrontiert. Es ist unser aller Los, zu erkennen, zu erinnern und über die Zukunft zu spekulieren. Wir alle werden immer wieder gewinnen, und wir alle werden verlieren. Das Beste, was wir tun können, ist, möglichst gelassen zuzusehen wie die Zeit vergeht und immer wieder für Veränderungen sorgt. Der Hauch des Schicksals streicht über viele Köpfe, manchmal auch über den unseren, und wir wissen nie, wann es das nächste Mal so weit ist. Wir alle stehen im Wind des Lebens und tragen unseren Rucksack, unser Leid, unser Los.

Warum *gerade* Fini? Noch ein weiterer Gedanke taucht hinter dieser Frage auf. Wäre es denn besser, wenn ein anderes Kind gestorben wäre? Will ich mein Schicksal an eine andere Mutter übergeben? Was würde ich sagen, hätte ich die Wahl? Nein, ich glaube, ich würde mit niemandem tauschen. Seltsam: So sehr ich mir auch manchmal wünsche, mein Schicksal umzutauschen – stünde ich vor der Entscheidung, es jemand anderem zu geben, würde ich dieses Angebot bestimmt ablehnen. Ich weiß immerhin, dass ich mein Schicksal ertragen kann. Nicht immer aufrecht, nicht immer elegant, aber doch einigermaßen würdevoll, ohne zu hassen, ohne verrückt zu werden oder anderen zu schaden. Ich weiß, dass ich aufstehen kann, wenn ich falle. Ich weiß, dass ich das Leid, das mir widerfahren ist, nicht durch Verbitterung vermehre. Das ist alles, was ich brauche, um weiterzugehen.

Wenn ich in Selbstmitleid verfalle und mich zu fragen beginne, warum dieses Schicksal gerade mir zugefallen ist, so hilft es mir, mich wieder einmal daran zu erinnern, dass jeder Mensch sein Kreuz zu tragen hat. Ich verschiebe die Betonung der Frage ein wenig und überlege, warum ich, unter den vielen Möglichkeiten, gerade dieses Schicksal bekommen habe. Es gibt Tage, da habe ich das Gefühl, dass mein Schicksal zu mir passt wie ein Schlüssel ins Schloss. Wer sagt denn, dass ich siebzig Jahre puren Glücks besser ertragen hätte? Abgesehen davon: Wer weiß, was noch gekommen wäre? Krankheit, Streit, Missverständnisse, Armut – so vieles ist vorstellbar. Ich weiß nicht, ob ich ein anderes Los besser bewältigt hätte als das meine. Das Einzige, was ich mit Sicherheit weiß, ist, dass jedes Leben, jedes Schicksal gute und auch schlechte Seiten hat.

»Meine Kinder leben, und ich bin auch nicht immer glücklich. Du bist wirklich nicht die Einzige, die Mitleid verdient.« Eine sehr mutige Frau hat diesen Satz einmal in einem Seminar zu mir gesagt. Zuerst habe ich sie dafür gehasst, doch heute denke ich, sie hatte tatsächlich recht. Wir brauchen keinen Schmerz aufzurechnen oder zu vergleichen. Und wir wissen nicht, welches Schicksal am Ende der Tage schwerer wiegt oder ob es irgendwo eine gütige Waage gibt, die Glück und Leid – auf lange Sicht gesehen – ohnehin gerecht verteilt.

Warum gerade Fini, warum gerade ich? Vielleicht ist es besser, diese Fragen zu verändern. Warum *auch* Fini? Warum *auch* ich? Was war der Grund dafür, dass ich, gemeinsam mit meiner Tochter, dem Tod begegnet bin? Hier fällt mir die Antwort plötzlich leicht: Ein Verlust ist eine große Chance. Er schenkt uns die Möglichkeit, Verständnis und Mitgefühl für die Menschen zu entwickeln, die ebenfalls leiden. Jedes Schicksal ist einzigartig, jeder Schmerz ein Schlüssel, der nur in ein einziges, ganz persönliches Schloss passt. Doch die Tür, die er öffnet, führt in einen Raum, der allen Menschen zugänglich ist. Es ist ein heiliger Raum. Ein Raum der Wertschätzung, ein Raum des Respekts, auch vor dem, was wir nicht sofort verstehen. Ein Raum der Geduld. Ein Raum, in dem es möglich ist, einen zweiten, dritten und auch noch einen vierten Blick zu riskieren.

Menschlichkeit, ich denke so heißt der Raum, den jeder Mensch auf seine Weise betritt. Es muss nicht das Leid sein, das uns den Schlüssel in die Hand drückt, doch es sieht so aus, als machte es uns gerade das Leid besonders leicht, ihn zu benutzen. Viele Menschen haben etwas gegen das Wort Mitleid. Ich denke jedoch, dass wir gerade da, wo wir trauern, verzweifeln und Schmerz empfinden, besonders offen werden für das Leid der anderen. Wir fühlen nicht, was sie fühlen, nein. Es ist anders, es ist mehr als das: Wir beginnen, das Prinzip des Nichtverstehbaren, des Nichtnachfühlbaren zu begreifen. Hinter aller Verschiedenheit erkennen wir die grundsätzliche Würde, die in jedem persönlichen Leiden steckt. Das ist es, was ich unter aufrichtigem Mitleid verstehe. Leid öffnet unser Herz, viel mehr als das Glück. Wo wir reich sind, wollen wir das, was wir haben, zu gern für uns behalten. Es braucht große Weisheit, um sich nicht im eigenen Glück zu verbeißen. Wenn wir leiden, fällt es viel leichter, den Blick zu heben. Zunächst aus Notwendigkeit, später aus Dankbarkeit und aufgrund der Erfahrung, wie weh es tut, einsam zu sein. Wenn wir mitleiden, ist es so, als ob wir aus einem gemeinsamen Becher trinken. Keiner außer uns wird den einen Schluck machen, den wir zu uns nehmen. Und doch trinken wir alle dieselbe Flüssigkeit. Wir teilen das Leid und gewinnen die wissende Gemeinschaft mit anderen Menschen. Mit viel Glück können wir die Erfahrung des Teilens auch dann fortsetzen, wenn wir wieder glücklich sind.

Warum ist Fini gestorben? Über das, was sie selbst davon hatte, kann ich nur spekulieren. Mir hat sie das Herz dafür geöffnet, mitzuleiden, mitzufühlen und mich mitzufreuen, auf eine Weise, die mir früher nicht zugänglich war. Warum gerade sie? Weil gerade sie mein Kind, meine Tochter war. Kein anderes kleines Mädchen dieser Erde hätte es fertiggebracht, mein Herz so weit aufzuschließen wie sie.

Fini musste, durfte oder wollte sterben. Auch sie, wie so viele andere. Sie war Mensch, sie lebte, und sie hat die Erde wieder verlassen – so lautet das Gesetz allen Lebens. Ich habe noch niemanden getroffen, der unsterblich war. Auch mein kleines Mädchen war es nicht.

Warum gerade am 23. März 2008? Warum nicht später? Noch einmal stelle ich mir die Gegenfrage: »Warum nicht? Wann sonst?« Fini starb am Ostersonntag. Sie starb nicht im Februar und nicht im April. Sie starb an einem Tag, der bis heute hohe Symbolkraft für mich hat. Fini hätte außerdem viel früher sterben können, im Bauch, im Kindbett. Wie viele Zufälle haben zusammengewirkt, um ihr zweiundzwanzig Monate auf dieser Erde zu schenken? Wie viele Menschen haben das Richtige getan, im richtigen Moment gebremst, das richtige Essen gekocht und die richtigen Gesetze beschlossen, um uns die gemeinsame Zeit erleben zu lassen?

Fini starb, weil am 20. März 2008 um 11:40 ein Zug und unser Auto im selben Moment am selben Fleck waren. Sie starb, weil mein Mann in die falsche Richtung geschaut hatte. Sie starb, weil es noch keine Medikamente gibt, die den Hirndruck senken, ohne dabei das Herz zu belasten. Sie starb, weil ein Arzt nach bestem Gewissen die Entscheidung traf, sie zu operieren und ein Loch in ihren Kopf zu bohren. Sie starb, weil ihr Blutdruck versagte. War es der richtige Moment? Nein, natürlich nicht. Denn der richtige Moment kommt nie. Solange Fini jemanden gehabt hätte, der sie von Herzen liebt, wäre es immer zu früh gewesen. Es gibt Menschen, die wollen sterben und doch ist es für die Angehörigen zu früh. Es gibt Angehörige, die warten auf den Tod ihrer alten Verwandten, doch die wollen nicht sterben. Es gibt Menschen, die sind einsam und des Lebens überdrüssig und schaffen es über viele Jahre nicht, den letzten Atemzug zu tun. Da ist kaum ein einziger Tod, über dessen idealen Zeitpunkt sich alle einig sind, ja, vielleicht kein einziger Mensch, der darüber heute die gleiche Meinung hat wie in einem Jahr. Vielleicht haben wir deshalb die ganze Angelegenheit an das Schicksal delegiert. Wenn Gott derjenige ist, der die Entscheidung über unseren Todeszeitpunkt trifft, so möchte ich wirklich nicht in seiner Haut stecken. Ich möchte mir keine Meinung darüber anmaßen, ob er seine Sache gut macht oder nicht. Wer bin ich schon, dass ich mir dazu ein Urteil erlauben könnte? Ich jedenfalls bin ihm nicht böse. Gott hat mir eine Tochter geschenkt – das ist mir viel wichtiger als die Frage, ob er sie mir zu früh wieder weggenommen hat.

Wir bekommen Geschenke. Von Gott, vom Leben oder, wie manche meinen, vom Zufall. Natürlich könnte es sein, dass auch der Zeitpunkt unseres Todes ein Produkt des Zufalls ist. Grundsätzlich kann ich selbst mit dieser Vorstellung leben. Immerhin gibt es psychologische Studien, die zeigen, dass der Zufall – gerade bei komplexen Entscheidungen – höhere Erfolgsquoten hat als jeder menschliche Verstand. Ich glaube, es ist nicht unsere Aufgabe, über den richtigen Zeitpunkt zu spekulieren, schon gar nicht im Nachhinein. Wir Menschen tun, was wir können, um Leben zu erhalten. Das liegt in unserer Natur. So sind wir eben: Experten für das Leben, für das Nähren, das Ermöglichen, das Erhalten. Auf diese Rolle dürfen wir uns konzentrieren. Alles andere liegt nicht in unserer Hand.

Warum nun ist Fini gestorben? Noch einmal, zuletzt, will ich mich diesem kleinen Wort widmen, das so unscheinbar wirkt, so alltäglich scheint, und doch niemals endgültig zu beantworten ist. Ich möchte hier von einem kleinen Kniff erzählen, den ich vor Kurzem in meiner Ausbildung zur Lebensberaterin gelernt habe. Therapeuten ersetzen das Wort »Warum« gern durch ein anderes, das uns manchmal schneller zufriedenstellt. *Wozu?* Wozu ist Fini gestorben? Was war der Sinn ihres Todes? Eine mögliche Antwort findet man, wenn man alte Bilder betrachtet. Wissen Sie, warum der Tod meistens eine Sense trägt? Früher dachte ich immer, dass sie dazu da ist, uns den Kopf abzuschlagen. Eine befreundete Sterbeamme erzählte mir, woher diese Sense in Wirklichkeit kommt. Früher, da war der Tod nämlich kein Skelett, sondern im Gegenteil eine pralle Bauersfrau. Und die Sense? Sie war einfach dazu da, die Ernte eines erfüllten Lebens einzufahren.

Darf ich es so betrachten? Fini ist gestorben, die Früchte ihres Lebens waren reif. Der Tod kam, um die Ernte einzubringen. Ich habe die Samen erhalten, und ich nehme das Erbe gern an. Ich blicke in die Scheune und staune, wie voll sie ist. Welche der vielen Samen will ich pflanzen? Und welche nehme ich zu mir, um mich zu ernähren? Es wird weiterhin meine Aufgabe sein, zu erforschen, wie ich die Ernte dieses reichen kleinen Lebens am besten nutzen kann.

Fini darf weiterreisen, mit leichtem Gepäck.

Ein Stück Leben *(Ein Märchen)*

Es war einmal vor langer Zeit eine viel gerühmte Universität, von der man überall nur in den besten Worten sprach. Man konnte da alle erdenklichen Disziplinen der Kunst studieren: Musik, Dichtung, Schauspiel, Malerei und Bühnenbild, Schneiderei, ja sogar den gekonnten Umgang mit Licht und Ton. Es war eine Freude, auf dieser hohen Schule zu studieren. Und nicht nur die Begabtesten wurden aufgenommen, nein, jeder, der wollte, durfte hier lernen und sich entwickeln. Prüfungen gab es keine. Denn man vertraute darauf, dass jeder Schüler selbst spürte, wann er fertig und bereit war, mit seiner Kunst in die Welt zu gehen.

Die Studenten liebten ihre Schule, und sie liebten auch ihren Rektor – einen alten, weisen Mann mit langem weißen Bart, der nichts als ermutigende Worte sprach und in dessen Gegenwart ein jeder zu seinem Besten aufblühte.

Eines Tages stand ein Jahrgang besonders begabter Studenten kurz vor seinem Abschluss. Alle Studenten der Klasse spürten, dass sie reif waren, reifer, als sie es jemals zu träumen gewagt hatten. Sie freuten sich auf ihr Leben als Künstler. Und sie konnten es kaum erwarten, sich zu zeigen. Doch sie wollten ihre geliebte Schule nicht verlassen, ohne dem Rektor etwas zu schenken.

»Lasst uns ein Theaterstück schreiben, um dem lieben Rektor zu zeigen, was wir bei ihm lernen durften«, sagte einer aus der Klasse. Die anderen stimmten freudig ein. »Ja, wir wollen ein Stück schreiben und es auch gleich selbst spielen! « – »Wir wollen die Bühne bauen und Musik komponieren! « – »Wir werden die Szenen beleuchten und die herrlichsten Kostüme schneidern« – »Oh, das wird wunderbar. « – »Das wird ein Fest! «

Die Freude war groß. Sogleich begann man eifrig zu planen. Wie sollte das Stück heißen? Worum sollte es gehen? Wer würde welche Rolle spielen? Da waren viele Einfälle, lustige, hehre, ausgeklügelte und spontane Ideen, keine schlechter als die andere. Und doch ...

Wie sollten nur all diese Talente in einem Stück Platz finden? Da wollte einer den König spielen, der andere einen Dirigenten, und noch ein anderer wollte der berühmte Trainer einer Fußballmannschaft sein. Einer wollte indisch tanzen, und einer, der besonders gut Lateinisch konnte, wünschte sich, Ovids Balladen vorzutragen. Ein Student, der ein begabter Beleuchter war, fand, das Stück müsse auf einer Lichtung im Wald spielen. Er liebte den grünen Scheinwerfer seit dem Tag, an dem er die Universität zum ersten Mal betreten hatte.

Es dauerte nicht lang, da drangen laute Worte aus dem Saal, in dem man doch ein herrliches Geheimnis hatte planen wollen. Man schrie, man stritt, die Türen flogen auf und zu, man ging, kam zurück, man lief heiß und kühlte ab, aber zu einem guten Ergebnis kam man nicht. Ganz im Gegenteil. Bald schien alles hoffnungslos.

Der Rektor saß in seinem Zimmer, das gleich über den Hof im selben Stockwerk lag. Durch die alten Fenster sah er seine lieben Schüler diskutieren, und er kannte sie gut genug, um zu wissen, was da drüben im Festsaal vor sich ging. Aus der Erfahrung vieler Jahre wusste er auch, wann es an der Zeit war, etwas zu unternehmen. Bedächtigen Schrittes, nicht allzu schnell, machte er sich auf den Weg, und gerade als der erste Student wütend nach Hause gehen wollte, weil er tatsächlich keinen Ausweg mehr sah, erreichte der Rektor den Eingang des Saales. Die Klasse verstummte und sah aufmerksam zur Tür.

»Ihr Lieben«, sagte er, »ich weiß eure Mühen zu schätzen. Ich danke euch für den Versuch, mich mit so guten Ideen zu überraschen, und ich weiß, dass jede eurer Ideen großartig ist. Es wäre ein Jammer, wenn euer Stück nicht zur Aufführung kommen könnte. Ich kann es kaum erwarten, es zu sehen, zu lachen, zu weinen und euch am Ende voll Stolz zu umarmen.«

Der Beleuchter fand als Erster seine Worte. »Es sollte eine Überraschung werden. Aber es wurde nur ein Jammer daraus.«

Der Rektor nickte sanft. Er schwieg eine Weile, dann fragte er: »Wollt ihr einen Vorschlag annehmen?«

Die Köpfe der Studenten, immer noch rot und erhitzt, nickten. Einen Vorschlag konnten sie gut gebrauchen.

»Jede eurer Ideen ist kostbar. Und ich möchte, dass jeder das zeigen darf, was er kann, und dass sich im Spiel all eure Sehnsüchte erfüllen«, sagte der Rektor mit ruhiger Stimme. »Was ich euch vorschlage, ist dies: Schreibt alles auf, was ihr in eurem Stück unbedingt tun und sagen wollt. Schreibt auch jene Sätze auf, die ein anderer zu euch sagen möge. Schreibt alles, alles auf, was in eurem Stück mit euch geschehen soll. Lasst euch Zeit, nur keine Hast. Nichts, was euch wichtig ist, soll fehlen.

Wenn ihr fertig seid, bringt mir eure Bögen. Ich werde sie lesen und mir eure Anliegen zu Herzen nehmen. Dann werde ich ein Stück schreiben, aus euren Wünschen, aus euren Ideen. Es wird gelingen. Warum? Weil ich unermesslich viel von euch gelernt habe in den Jahren, in denen ich euch und euren Talenten zusehen durfte. Ich war – als Rektor bekleidet – euer gelehrigster Schüler. Wusstet ihr das? Nun ist es an der Zeit, euch meinen Dank zu geben für das, was ich nur durch euch lernen konnte.

Ich verspreche euch, dass in dem Stück, das ich euch schreibe, alles vorkommen wird, was ihr euch gewünscht habt. Ein paar Dinge müsst ihr dabei aber mir überlassen. So muss ich selbst entscheiden, wer welche Rolle spielt – Bettler oder König, Tier oder Baum. Und noch etwas: Ich weiß nicht, an welchem Punkt der Handlung jeder von euch die Bühne betreten oder verlassen wird. Manche werden nur kurz zu sehen sein, doch auch sie werden alles bekommen, was sie sich wünschten. Andere werden erst gegen Schluss auftreten. Der eine mag viel Text sprechen, der andere kaum ein Wort sagen. Das hängt von euren Wünschen ab, aber auch – und nicht zuletzt – von den Wünschen der anderen.

Mit Sicherheit wird das, was ihr euch wünschtet, vorkommen. Noch einmal will ich es versprechen. Eure Rollen werden aber auch dazu beitragen, die Wünsche der anderen zu erfüllen. So wird es kommen, dass ihr Dinge tut und Worte sprecht, die nicht auf eurer Liste standen. Ich bitte euch, sie an euch zu nehmen und eure Rollen redlich zu spielen. Da, wo ihr sie nicht versteht, seid gewiss, dass ein anderer sie gerade braucht.«

Lächelnde Erleichterung huschte durch den Raum. Jeder atmete auf. Wie weise der Rektor doch war!

Ein Student äußerte eine letzte Frage. »Wir haben viele Jahre lang das Improvisieren geübt. Es macht uns allen den größten Spaß. Dürfen wir uns auch in dieser Kunst einbringen?«

»Natürlich«, zwinkerte der Rektor. »Ich lasse genügend leere Stellen im Buch. Spielt, habt Freude, wo immer es geht. Ihr werdet bemerken, wann es an der Zeit ist, zum Text zurückzukehren. Ich weiß, dass ihr es könnt, ich vertraue euch.«

»Wie lange wird das Stück dauern?«, fragte eine Studentin, die am Fenster saß.

»Das kann ich jetzt noch nicht sagen. Aber … die Zeit wird bestimmt schnell vergehen.«

* * *

Bis heute wissen wir nicht, wann das Stück zu Ende ist. Ich selbst staune täglich, wie gut es gelungen ist. Manchmal glaube ich zu ahnen, was auf manchen der Wunschzettel stand. Da wollte vielleicht ein lieber Student zur Hälfte des Stücks von der Bühne gehen, weil er sich nicht allzu viel Text merken konnte. Mit einem Knalleffekt wollte er verschwinden, und er hatte sich auch noch gewünscht, dass man noch lange gut von ihm sprechen, vielleicht sogar lachen solle, wenn man an ihn dachte. Sein geheimster Wunsch war, dass man ein Lied über ihn singen möge. Er hat diesen Wunsch nicht notiert, denn er war ihm peinlich. Der Rektor hat ihn trotzdem erfüllt.

Eine andere Studentin wollte wissen, ob es möglich sei, nur ganz kurz auf der Bühne zu stehen, aber alle glücklich zu machen, die mit ihr zusammentrafen. »Ja!«, dieses Wort wollte sie ganz besonders oft sagen.

Einer wollte vor allem große Fragen stellen und außerdem ein paar schlimme Lausereien anstellen, für die man ihm so richtig böse war. Er wollte außerdem erleben, dass er geliebt ist, egal, was er tut. Und lachen, immer wieder lachen, so lange, bis ihm der Bauch wehtut, auch das hat er sich gewünscht.

Und ja: Da war noch eine, die viele, große Wünsche hatte. Kinder wollte sie haben. Und ein Buch schreiben, mehrere vielleicht. Sie wollte in der Welt herumreisen, aber kein schlechtes Gewissen haben, weil die Kinder sie zu Hause vermissen. Sie wollte den Menschen von ihren Kindern erzählen, im Fernsehen und auf großen Bühnen. Sie wünschte sich von Herzen, zu erleben, was es heißt, unendlich traurig zu sein, aber auch, wie es gelingen kann, wieder glücklich zu werden. Und ein Lied wollte sie schreiben, für einen Mann, den sie für immer liebt. Bestimmt stand noch mehr auf ihrem Wunschzettel. Was? Daran kann ich mich leider im Augenblick nicht erinnern. Aber das Stück ist ja noch im Gange.

Werde ich alles vergessen?

Es gibt Erinnerungen, die sind tief in mich eingebrannt. Eine davon stammt aus meiner Kindheit und handelt von den immer wiederkehrenden Neckereien meines großen Bruders. »Stell dir vor, das ganze Haus brennt ab und du könntest nur eine Sache mitnehmen. Du müsstest dich entscheiden, ob du das Meerschweinchen rettest oder lieber deine Schmusedecke. Was würdest du nehmen?«

Ich war fünf, mein Bruder vierzehn Jahre alt – und seine Lieblingsbeschäftigung war es, mich, die kleine Schwester, mit kniffligen Fragen herauszufordern. Diese Frage nun fand ich ganz besonders schwierig. Die Entscheidung, die ich da zu treffen hatte, überforderte mich völlig. Fast hätte ich vorauseilend Tränen geweint, um mein Meerschweinchen, dann wieder um die Decke … Jammernd lief ich zu meiner Mutter. Ich war unendlich froh, als sie mir versicherte, dass unser Haus ganz bestimmt nicht abbrennen würde und dass die Frage meines Bruders nichts war, worüber man sich ernsthaft den Kopf zerbrechen muss. Sofort fühlte ich mich wieder sicher. Und als mein Bruder mich neuerlich fragte, spielte ich den Trumpf aus, den ich von Mama bekommen hatte. »Ha, das Haus kann überhaupt nicht abbrennen. Niemals!« Damit war ich zufrieden, und mein Bruder war lieb genug, mich nicht weiter zu quälen.

Was würde ich mitnehmen aus dem brennenden Haus? Heute bin ich erfahren genug, um zu wissen, dass man sich das meistens nicht aussuchen kann. Falls ich überhaupt zu Hause wäre, würde ich wahrscheinlich zum Pass greifen und zum Schlüssel, auch wenn Letzteres ziemlich absurd wäre. Bestimmt würde ich auch noch mein Meerschweinchen aus den Flammen retten – sofern ich heute noch eines hätte.

Nach allem, was in meinem Leben geschehen ist, weiß ich auch, dass es nicht immer ein Feuer geben muss, um uns das, was wir lieben, für immer zu nehmen. Manchmal ist es ein Unfall. Manchmal aber auch einfach … das alltägliche Chaos, das zu Hause herrscht. Es gibt da etwas, das ich, hätte ich noch die Wahl, aus jedem Feuer retten und von jedem Platz der Welt zurückholen würde. Aber ich fürchte, das wird nicht mehr möglich sein. Ich habe es nämlich verloren. Es. Den wertvollsten Gegenstand der Welt: ein kleines lila Büchlein, in das ich all die lustigen Aussprüche meines Sohnes Thimo geschrieben habe – damals, als er noch lebte. Das Notizbuch lag im Arbeitszimmer, das ich mit meinem Mann teilte. Es lag da so lange, bis wir uns ans Umziehen in unser neues Haus machten. Dann wurde es in irgendeine Kiste gesteckt und verschwand aus dem Blick.

Als meine Familie starb, waren die Kartons gerade ausgepackt. Zumindest die meisten. Seit unserem Umzug hatten wir keine neue Thimo-Geschichte notiert. Wo das lila Büchlein war, wussten wir gerade nicht so genau. Ich weiß nicht, wann ich begann, es zu ahnen. Lange vermied ich es, mich auf die Suche zu machen. Die drei letzten Kartons, die noch ungeöffnet im Keller standen, blieben fest verschlossen. Sie wurden zu Schatzkisten der leisen Hoffnung – und dieser Schatz war wertvoller als Gold. Bestimmt würde ich das Büchlein wiederfinden. Bestimmt war es noch in einer der drei Kisten, es konnte gar nicht anders sein. Dass alle drei Kartons mit »Kinderkleidung – zu klein« beschriftet waren, forderte meine Hoffnungskraft zwar heraus, doch ich betete. Und ignorierte. Ich wollte es am liebsten gar nicht wissen – das war die beste Strategie, die mir einfiel.

Eines Tages hatte ich eine Idee. Noch immer hatte ich nicht nachgesehen, ob das Büchlein da war oder nicht. Doch egal, wie es kommen würde, ich würde mich nicht unterkriegen lassen. Ich kochte mir Tee und setzte mich ins Bett, ausgerüstet mit einer Kladde, fünfzehn Bögen Papier und einem Kugelschreiber. Ich war wild entschlossen: Einfach so viel aus der Erinnerung aufschreiben, dass es auf das kleine lila Buch auch nicht mehr ankam – das war mein Plan. Ich würde alles notieren. Einfach alles. Das ganze Leben meines Sohnes, jedes Detail, das mir in den Sinn kam, jedes Wort, jede Eigenschaft. Niemand würde mir mein Kind nehmen können. Nicht einmal ein verlorenes Buch.

Zwanzig Minuten später lag der Stift neben mir, und ich saß heulend vor meinen Notizen. Drei Seiten waren beschrieben, in enger Schrift, schnell dahingefetzt. So gut hatte es angefangen. Zunächst konnte mein Stift mit den Bildern in meinem Kopf kaum Schritt halten. Doch dann, von einem Moment auf den anderen, war der Quell versiegt. Meine Erinnerung war am Ende. Was für ein Schreck! Ich wollte die Notizen gar nicht noch einmal lesen. Da stand nicht wenig, aber es war bei Weitem nicht genug. Mein Sohn, er sollte auf dem Papier auferstehen, doch ich war gescheitert. Ich weinte, ich zitterte. Ich hatte Angst. Mein Stift war meine letzte Waffe gewesen. Sie hatte versagt. Und jetzt? Würde ich Thimo, würde ich Heli und meine kleine Fini etwa ... *vergessen?*

Sechs Jahre sind seit diesem Tag vergangen. Die drei Kisten im Keller sind längst ausgeräumt, die Kinderkleidung an Freunde verschenkt. Das lila Büchlein ist bis heute nicht aufgetaucht. Die Sammlung der lustigen Sprüche ist verloren, aber mein Sohn ist in jedem Moment meines Lebens präsent. Ich weiß mit Sicherheit, wer Thimo war. Auch wenn ich nicht mehr alles weiß.

Dieses Vertrauen musste ich allerdings erst gewinnen. Lange Zeit glaubte ich, dass es wichtig war, möglichst viele Erinnerungsscherben zusammenzusammeln. Ich ging davon aus, dass sich das Mosaik schon zu einem schlüssigen Ganzen fügen würde, wenn ich nur einmal genügend Teile gesammelt hatte. Nachdem ich meinen ersten Tiefschlag verdaut hatte, machte ich mich mit umso größerem Eifer an die Arbeit. Ich kaufte mir ein großes Heft, das ich bei mir trug, so oft es nur ging. Durch mein ernüchterndes Erlebnis mit dem Schreibzeug im Bett hatte ich schon begriffen, dass sich meine Erinnerung nicht mit einem Mal auswringen lässt wie ein nasses Tuch. Ich verstand nun, dass sich die Vergangenheit in meinem Kopf eher wie eine Drehbühne bewegt, die immer wieder neue Szenen offenbart. Ich selbst konnte diese Drehbühne in Bewegung setzen, indem ich mich dem Leben stellte und neue, eigene Erlebnisse sammelte. Gerade dann, wenn ich aktiv und mitten im Tun war, blitzten die Erinnerungsscheinwerfer besonders gern auf. Hier lag meine Chance: Schnell griff ich dann zu Buch und Stift, damit mir die Erinnerung nicht noch einmal entglitt.

Heli und ich im Sonnenuntergang, wir trinken Rotwein, ich war gerade aus dem Krankenhaus entlassen. – Heli, Thimo und ich in Grado, im Wohnwagen. Thimo erzählt dem Platzwart das Geheimnis, dass wir einen Griff an der Kommode abgebrochen haben. »Meister Edler, ich muss dir was sagen ...« – Thimo beim Drachensteigen am Meer – Fini nach ihrer Geburt, der erste Ausflug mit dem Auto. Sie ist so brav ...

Ein gemeinsames Leben. Ein Fotoalbum aus Worten, eine Liebeserklärung an die drei Menschen, die ich im Herzen trage, während sie im Himmel ihren Pflichten nachgehen. Ich pflegte meine Notizen gewissenhaft. Und doch: Irgendetwas fehlte mir dabei noch immer. Die Bilder, die ich skizzierte, erinnerten vage an glückliche Zeiten, doch sie wirkten seltsam fahl. Gerade erst aufgeschrieben, waren sie bereits verblasst. *Wir waren hier, wir sagten das, wir kannten diesen und jenen Menschen ...* diese Ansammlung von Fakten war mir einfach nicht genug. Ich bestellte mir ein Buch, das versprach, die Türen der Erinnerung zu öffnen. 300 Impulsfragen sollten helfen, sich zu erinnern. Begeistert machte ich mich ans Werk, aber schon nach wenigen Minuten warf ich das Buch wütend in die Ecke.

»Wann kamen Sie (kam Thimo) in die Schule?« *Gar nicht.* »Wo wurden Sie (wurde er) geboren?« *In Graz.* »Wo haben Sie (hat er) zuletzt gewohnt?« *In Markt Hartmannsdorf.* »Wie viele Geschwister haben Sie (hat er)?« *Eine Schwester.* »Wohin fuhr die Familie auf Urlaub?« *Grado. Lignano. Klagenfurt ...* Es fiel mir nicht schwer, die Fragen zu beantworten. Doch das alles brachte mich auch kein Stückchen weiter. Langsam schien es mir, als hätte ein böser Zauberer meine Erinnerungen versteinert. Gerade noch hatten wir vier ein gemeinsames Leben geführt, nun war es

innerhalb weniger Monate zu einer antiken Ausgrabungs-
stätte geworden. Ruinen. Leblose Gesteinsbrocken. Unendlich langweilig. Tot, wie die Menschen, die ich liebte. Was
machte ich nur falsch? War ich zu dumm, mich ordentlich
zu erinnern? Hätte ich etwa jeden Moment unseres Lebens
in einem Tagebuch festhalten sollen? Hatte ich etwas We-
sentliches versäumt, das nicht nachzuholen war?

Heute weiß ich: Die Erinnerung an meine Familie hatte
mich schon damals nicht wirklich im Stich gelassen. Sie
war da – sie ließ sich nur nicht in ein Notizbuch pressen.
Gerade dann, wenn ich zu beschäftigt war, um mir Notizen
zu machen, erlebte ich immer wieder Momente großer
Nähe zu meinem Mann und meinen Kindern. Am deutlichsten konnte ich sie spüren, wenn ich sie in meinem eigenen Körper zum Leben erweckte: Ich hatte mir nämlich
angewöhnt, mir ihre Mimik und ihre Stimmen auszuleihen.
Oft sprach ich mir selbst in Helis Stimme aufmunternde
Worte zu und bewegte mich dabei in der Art meines Mannes. Eine bestimmte Neigung des Kopfes, zwei typische
Heli-Sätze, das reichte aus, um in Schwung zu kommen. Es
ging nicht darum, perfekt zu imitieren. Es war ein Spiel,
das mir Freude bereitete. Vor allem, wenn ich gerade Ermutigung brauchte. »Pachlowitsch, was machst du denn für
Sachen? Jetzt essen wir erst einmal einen Apfel, dann schaut
die Welt gleich anders aus. Okay?« Ein typischer Rat von
Heli. Er wirkte Wunder, besonders, wenn ich ihn laut aussprach, am liebsten vor dem Spiegel im Badezimmer. Peinlich? Vielleicht. Was soll's? Ich war allein, niemand lachte
mich aus, und es tat mir einfach gut.
Auch in Fini verwandelte ich mich gern, vor allem dann,
wenn ich etwas suchte. Meine Tochter hatte nämlich die

Angewohnheit, die Dinge, die sie gerade vermisste, zu rufen. »Handylein! Haaaandylein!«, wie oft haben wir über diese Rufe gelacht. Erstaunlicherweise hatte Fini bei ihren Suchen meistens Erfolg, das amüsierte uns noch mehr. Nun, da sie nicht mehr da war, probierte ich es selbst aus. Ich rief die Dinge, die ich suchte, mit Finis zarter Kinderstimme – natürlich in Koseform. Es wirkte ... fast immer. Nur das lila Büchlein müssen wir noch finden, Fini und ich.

Solche Spiele machten mich glücklich, und bis heute begleiten mich diese kleinen Rituale. Auch mein Lebensgefährte ruft heute »Handylein«, wenn er sein Telefon sucht – ich glaube, mittlerweile tut er das sogar, wenn ich nicht zu Hause bin. »Ich habe deine Familie nicht kennengelernt. Aber ich glaube, ich kenne sie trotzdem wirklich gut«, sagt er oft. Ich denke, er hat recht. Wer »Handylein« rufen und dabei so klingen kann wie Fini, wer mit zwei Fingern über die Tischplatte wandern kann, als Männchen, das vom Essen kostet und dann mit lautem Stöhnen in Ohnmacht fällt (So, genau so hat es Thimo immer gemacht!), der weiß eigentlich alles, was wichtig ist.

Was macht einen Menschen aus? Die reinen Fakten sind es nicht, so viel ist mir mittlerweile klar. Egal, ob wir eine gemeinsame Geschichte rekonstruieren oder uns an einen geliebten Menschen erinnern wollen, wir müssen nicht den Ehrgeiz entwickeln, alles akribisch aufzulisten. Erinnern, das könnte vor allem heißen: aufmerksam werden für die dünnen Fäden der Verbindung, die uns immer wieder streifen, vor allem da, wo wir es nicht erwarten. Wenn wir achtsam durchs Leben gehen, spüren wir die vielen silbernen Spinnfäden, die sich behutsam an unser Innerstes heften. Wir dürfen davon ausgehen, dass zu jedem dieser Fäden ein ganzes Netz gehört. Oft nehmen wir dieses Netz ganz deutlich wahr, wir fühlen uns von einem Gefühl der Vollständigkeit beschenkt. Das ganze Leben unseres geliebten Menschen scheint in einem Augenblick präsent zu sein. Hier, bei Kilometer 67,5 auf der Autobahn. Bei diesem einen Lied im Radio. Beim Geruch des Flieders im Mai … In solchen Augenblicken ist es nicht nötig, zum Notizbuch zu greifen. Je öfter wir Momente der Vollständigkeit erleben, umso tiefer begreifen wir: Die Erinnerung ist wie der Wind, sie kommt immer wieder, auch wenn wir sie nicht festhalten. Wirklich? »Ja. Sie werden es gar nicht verhindern können«, sagt meine Therapeutin. Ich liebe sie für diesen Satz.

Der Soziologe Harald Welzer hat in seinem Buch »Das kommunikative Gedächtnis. Eine Theorie der Erinnerung« einen schönen Ausdruck für das gefunden, was in Momenten ganzheitlicher Erinnerung in uns aufersteht: »gewusste Erinnerung«. So nennt Welzer das, was verlässlich in uns weiterlebt, weil es uns tatsächlich betrifft und berührt. Als »erinnertes Wissen« hingegen bezeichnet er abrufbare, neutrale Fakten – jene leblosen Bausteine, die leicht zu rekonstruieren sind, aber keine Gefühle in uns auslösen. Erinnertes Wissen besteht aus vereinzelten Fragmenten, gewusste Erinnerung hingegen verhält sich dynamisch und ist mehr als die Summe ihrer Teile. Sie ist vollständig und ganz – auch wenn sie manchmal nur aus ein paar Worten oder einem leisen Dufthauch besteht.

Es kann sein, dass wir viele Fakten vergessen haben. Wie hieß noch einmal der Ort, an dem ich mit Thimo das Ritterfest besuchte? Wie alt war er, als wir dort waren? Ich weiß es beim besten Willen nicht mehr. Der gewussten Erinnerung macht das gar nichts aus. Sie begnügt sich mit dem, was da ist, und schreibt daraus die Geschichte eines gemeinsamen Lebens. Wie ein guter Schriftsteller konzentriert sie sich dabei vor allem auf das, was eine Erzählung lebendig macht: Gefühle, Sinneseindrücke, Körperempfindungen. Das sind die Zutaten, aus denen lebhafte Erinnerungen entstehen.

»Im Februar 2004 haben wir in Sankt Marein bei Graz gewohnt« – das ist korrekt, aber für sich allein macht diese Tatsache nicht glücklich. Meine Erinnerung, die ich mittlerweile gut erzogen habe, fragt weiter, zum Beispiel danach, was Thimo sagte, als er zum ersten Mal den Schnee gesehen hat (Ich weiß es noch: »Schau, Mama, lauter Flohschnecken!«). Wie der Schneemann aussah, den wir bauten, ob seine Nase aus einer Möhre oder aus einem Holzstück bestand. Ob ich bei unserer ersten Schneeballschlacht außer Puste kam, und wie sich Thimos kleine Zehen anfühlten, als ich sie in Händen hielt, um sie aufzuwärmen nach dem fröhlichen Spiel im Schnee. Meine Erinnerung macht Sprünge, nun atmet sie den Dampf von verschwitzten Kindersocken und lässt mich lachen wie damals, als ich spielte, dass ich beinahe in Ohnmacht fiel (wo ich doch ganz süchtig war nach dem sauer-süßen Geruch und, mehr noch, nach Thimos glockenhellem Kichern). Apropos: Welche Farbe hatten Thimos Lieblingssocken? Gelb-grün, glaube ich. Weiß ich noch, wo wir sie kauften? Vermutlich bei H&M. Was haben wir sonst noch alles in diesem Bett gespielt, in dem wir so gern kuschelten und über stinkende Sockenmonster lachten? Verstecken, Picknick, Piraten auf hoher See. Und was sagte Thimo, als er zum ersten Mal mit der Taschenlampe unter die Bettdecke kroch? (Auch das weiß ich noch: »Cool, Mama, jetzt weiß ich endlich, wie es im Finstern ausschaut!«)

Wenn es mir gelingt, mit allen Sinnen in die Erinnerung einzutauchen, scheint es mir bald, als könnte ich diese Assoziationskette aus Fragen, Antworten und Vermutungen endlos fortsetzen. Es macht Freude, den einzelnen Fäden zu folgen. Vieles, was ich nicht mehr weiß, ergänze ich aus der Fantasie. War es genau so? Ich weiß es nicht. Aber es *könnte* genau so gewesen sein. Der Eindruck fühlt sich echt an und fügt sich nahtlos ein in das Gefühl eines glücklichen, gemeinsamen Lebens.

Gute Lebensgeschichten, das sind Geschichten, die uns sinnvoll und zusammenhängend erscheinen. Erinnerungsforscher haben herausgefunden, dass sich unsere Identität zum Großteil aus den Geschichten konstruiert, die wir über uns selbst erzählen. Wer keine Erinnerung an die eigene Geschichte hat, hat auch kein deutliches Gefühl für die Person, die er ist. Und wer keine Erinnerung an die Erlebnisse mit einem geliebten Menschen hat, dem kann es so scheinen, als hätte sich dieser ganze Mensch für immer in Luft aufgelöst.

Wer war mein geliebter Mensch? Um diese Frage zu beantworten, müssen wir nach gefühlsbetonten Erlebnissen und den sichtbaren, hörbaren, spürbaren Geschichten Ausschau halten, die nicht nur unser Denken, sondern auch unseren Körper berühren. Solche Erinnerungen lassen die Person, die wir vermissen, auferstehen. Wenn wir erinnern, beginnen wir oft als Archivare, doch dann, im Lauf der Zeit, werden wir zu Autoren einer gemeinsamen Vergangenheit. Indem wir beginnen, lebendige Geschichten zu erzählen, spinnen wir das Stroh eines ganzen Lebens zu Gold. Das Talent dazu müssen wir nicht erst erwerben, es ist uns angeboren. Unser Gehirn ist dafür gebaut, lose

Einzelheiten nach und nach zu Geschichten zu verschmelzen.

Eine wichtige Rolle in diesem Prozess spielt ein Helfer, dessen Potenzial wir oft missachten: die Fähigkeit, zu vergessen. *Wie bitte!?* Ja. Das, wovor wir uns am meisten fürchten, ist im Grunde ein großes Geschenk. Das Vergessen hilft uns, Unwesentliches von Wesentlichem zu trennen. Eine dicke, klare Linie zu ziehen, da, wo zunächst viele kleine, dünne Striche waren. Die Gestalt zeigt sich da, wo wir alles weglassen, was unwesentlich ist.

Haben Sie schon einmal darüber nachgedacht, worin das Geheimnis eines guten Zeichners besteht? Er macht Figuren lebendig, nicht, indem er jedes Detail abbildet, sondern indem er ein paar eindeutige, klare Striche zieht. Er verzichtet auf Nebensächlichkeiten, und gerade dadurch wird sichtbar, was er eigentlich meint. Vergessen: So heißt der begnadete Zeichner, der in unserem Kopf zu Hause ist. Wir dürfen ihm vertrauen. Er schenkt uns alles, was wir brauchen, indem er uns vom Ballast des Unwesentlichen befreit.

Wo wandert hin, was wir vergessen? Vor Kurzem habe ich in einem Buch der Autorin und Schreibpädagogin Bonni Goldberg (»Raum zum Schreiben. Creative Writing in 200 genialen Lektionen«) eine Übung gefunden, die mir die letzte Angst vor der Endgültigkeit des Vergessens genommen hat. Die Aufforderung lautete so: »Beginnen Sie mit dem Satz ›Ich erinnere mich nicht‹ und schreiben Sie auf, was immer Ihnen einfällt, und füllen Sie wenigstens eine Seite. Wenn Sie nicht weiterwissen, wiederholen Sie ›ich erinnere mich nicht‹, bis in Ihrem Bewusstsein etwas Neues auftaucht.«

Diese Übung wirkt Wunder, ich probiere sie immer wieder und bin jedes Mal überrascht. Tatsächlich: Ich erinnere mich nicht an den Namen der Frau, die Thimos erste Babysitterin war. Aber während ich das aufschreibe, fällt mir ein, wo sie wohnte. Ich denke an die kleine Sackgasse am Ende unseres Ortes, an die Spaziergänge, die uns durch diese Gasse in den Wald führten, an die Pilze, die wir dort pflückten. Ich erinnere mich nicht daran, ob Thimo seine ersten Pilze mochte oder nicht. Aber ich weiß auf einmal wieder, welche Gerichte ich für ihn erfand. *Sukiyaki-Spießchen. Scheiß mit Reis, äh: Reis mit Mais – ja, genau so.* Erinnern und Vergessen, das ist kein Gegensatz. Beide Fähigkeiten arbeiten zusammen, Hand in Hand.

Wir können unsere Erinnerungen beleben, indem wir uns »nicht erinnern«. Und auch, indem wir üben, aufmerksamer durchs Leben zu gehen und unsere Sinne zu verfeinern. Denn je bewusster wir das wahrnehmen, was heute um uns herum geschieht, umso lebendiger wird auch unsere Erinnerung. Sie besteht aus demselben Material wie unsere Gegenwart: Geräusche, Gerüche, Stimmen, Farben. Das alles nehmen wir vor allem dann wahr, wenn wir uns entspannen. Ein Teller Spaghetti am ersten Urlaubsabend erweckt viele lebhafte Erinnerungen an vergangene Jahre, an glückliche Stunden ganzer Sommer. Warum funktioniert das gerade im Urlaub so gut? Weil wir Zeit haben, um zu genießen. Wir lehnen uns gemütlich zurück, atmen tief – und schon ist die Erinnerung wieder da.

Hier noch eine Erkenntnis aus der Psychologie: Woran wir uns erinnern, das hängt stark von unseren aktuellen Gefühlen ab. Wenn es uns gerade schlecht geht, erinnern wir vor allem traurige und negative Episoden. Ein paar

Stunden später, wenn sich unsere Laune, vielleicht durch einen Spaziergang, gebessert hat, kommen erfreuliche Erinnerungen wie von selbst hervor.

In den ersten Wochen und Monaten nach dem Tod eines geliebten Menschen sind unsere Erinnerungen von der Trauer gefärbt. In dieser Zeit kann es uns so vorkommen, als hätten wir gerade die lustigen Geschichten aus der Vergangenheit endgültig vergessen. Heute weiß ich: Wir dürfen darauf vertrauen, dass auch die fröhlichen Erinnerungen wiederkommen. Sie beginnen leise zu sprudeln, und irgendwann, wenn wir wieder laufen, lachen und strahlen, sind sie kaum mehr zu bremsen.

Erinnern ist eine Quelle des Glücks. Und doch darf ich es in meiner Begeisterung nicht vergessen: Es kann auch überaus schmerzhaft sein. Wenn uns die Erinnerung an die Vergangenheit zu entgleiten scheint, ist das manchmal eine kluge Sicherheitsvorkehrung unseres Unterbewussten. Etwas in uns ahnt, dass ein vergrabenes Mosaikstück an die Oberfläche kommen will, dessen Anblick im Augenblick zu schmerzhaft wäre. Auf Dauer jedoch, so sagen Psychologen, kostet es viel Kraft, solche schmerzhaften Erinnerungen wegzusperren. Oft tauchen sie dann verschlüsselt in Träumen auf, die uns darauf hinweisen, uns mit einem gewissen Thema auseinanderzusetzen. Manchmal ist es aber auch der Zufall, der uns unvorbereitet erwischt.

Kennen Sie dieses Brennen, das mitten ins Zwerchfell fährt, wenn man an einen Ort der Vergangenheit zurückkehrt, den man lange nicht besucht hat? Mich trifft es dann am schlimmsten, wenn ich gerade keine Ahnung habe, wo ich bin. Wenn ich mit dem Auto um eine Kurve biege und plötzlich, nach langer Zeit, das Gasthaus wiedererkenne, in dem ich einmal mit Heli schnell einen Kaffee getrunken habe. Oder eine der Schulen, in der wir Theater spielten. Besonders weh tut es, wenn ich mich dabei an Situationen erinnere, die schwierig oder schmerzhaft waren. *Als wir in dieser Schule waren, hat Fini beim Babysitter geweint. Hier, in diesem McDonald's haben wir Pommes frites gegessen, nachdem Thimos Arm eingegipst worden war ...*

Natürlich wünsche ich mir in solchen Momenten, ich wäre lieber einen anderen Weg gefahren. Doch dann frage ich mich: Was wäre das für ein Leben, in dem ich mich nur an der Vermeidung von schmerzhaften Zufällen orientierte? Ich müsste mich in sehr eingeschränktem Rahmen bewegen, um der unverhofften Erinnerung nicht in die Falle zu gehen. Und wer weiß – vielleicht würde ich bald auch in diesem engen, vertrauten Rahmen neue, unangenehme Spuren entdecken, dann, wenn die Macht der Erinnerung stärker wird als die Mauern, die ich gegen sie errichtet habe.

Ich denke, es ist besser, sich auch mit der schmerzlichen Seite des Erinnerns zu arrangieren. Vielleicht können wir ihm sogar etwas Gutes abgewinnen. Manchmal, wenn mein Bauch wieder einmal brennt, stelle ich mir vor, dass sich in mir gerade eine Erinnerungs-CD-ROM formatiert. »Daten werden gebrannt«, sage ich mir dann und stelle mir vor, dass dieser Vorgang sinnvoll ist, weil er meine Gegenwart und die gemeinsame Vergangenheit auf neue Weise miteinander verknüpft. Meine Erfahrung zeigt: Beim nächsten Wiedersehen tut dieser Ort schon weniger weh, und irgendwann, nach ein paar Mal, ist die Alchemie vollbracht. Ein Ort, der uns Löcher in den Bauch brennt, kann sich im Lauf der Zeit in einen Platz der Nähe verwandeln, einen Platz, an dem wir uns besonders stark verbunden fühlen mit denen, die wir lieben. Einen Platz, an dem wir nicht allein sind – vielleicht spüren wir sogar, wie uns jemand von oben winkt.

»Erinnern, wiederholen, durcharbeiten«, so heißt ein Buch von Lutz von Werder, in dem es um kreatives Schreiben und Biografiearbeit geht. Der Titel fasst zusammen, wie wir unserer Vergangenheit konstruktiv begegnen können. Es ist gut, wenn wir uns das, was war, möglichst lebhaft vergegenwärtigen. Oft verliert gerade das, was wehtut, an Bedrohlichkeit, wenn wir es konkret erinnern und benennen. *Wie war das damals genau? Was haben wir gegessen? Wer war da? Was war das für ein Tag, hat es geregnet, geschneit, war es kalt? Was wurde gesagt? Wurde geweint, geschrien, gelacht? Wie ging die Geschichte weiter, was geschah am nächsten Tag? Und wie kam es, dass es uns schließlich wieder besser ging?*

Es hilft, Erinnerungen auszusprechen oder aufzuschreiben, um ihre lähmende Macht zu bannen. Zuerst sind wir wie gelähmt vor Schmerz. Doch je öfter wir die Geschichte wiederholen, umso mehr Details kommen aus dem Gedächtnis hervor. Und auch der finsterste Horizont kann sich erhellen, wenn wir den Kontext begreifen, in dem das alles geschah.

Vielleicht gibt es Freunde, die uns anfangs begleiten, uns halten, mit uns reden und uns dabei helfen, die Fäden der schmerzhaften Erinnerungen mit guten Gedanken zu verweben. Die Fragen wohlwollender Zuhörer überraschen uns vielleicht oder stoßen uns auf neue Aspekte, die wir noch nicht – oder schon lange nicht mehr – beachtet haben.

Manchmal jedoch überwältigt uns die Erinnerung und wird zum Strudel, der uns bedrohlich nach unten, in Richtung Verzweiflung zieht. Unsere Freunde und Begleiter merken das meistens früher als wir. »Lass es gut sein«, sagen sie dann.

Haben Sie diesen Satz schon einmal gehört? Er fällt oft, wenn der Topf unserer Erinnerung zur Büchse der Pandora wird. Dieser Satz tut weh. Wir fühlen uns abgelehnt, beschnitten. Wie gern würden wir es gut sein lassen! Doch es gelingt eben nicht auf Befehl.

Ich habe lange mit diesem Satz gehadert. Doch letztlich glaube ich, dass in fast jeder Redewendung etwas steckt, das es gut mit uns meint. Gerade wenn mich ein dahingesagter Satz besonders provoziert, versuche ich, ihn mir ganz genau auf der Zunge zergehen zu lassen.

»Lass es gut sein« – was heißt das eigentlich wirklich? Immerhin kommt das Wort »gut« darin vor. Will es uns etwas sagen?

Für mich wird der Rat sinnvoll, wenn ich ein Wort hinzufüge. Heute sage ich mir: »In Ordnung. Ich will es versuchen. Ich lasse es gut *gewesen* sein.« Das heißt für mich: Ich werde diese Geschichte so lange bei mir tragen, bis ich verstehe, worin ihr gutes Ende besteht. Oft kann ich den positiven Kern nicht gleich erkennen, Nachdenken führt nicht zum erhofften Ziel. Viele der Geschichten, die in der Vergangenheit mit meiner Familie begonnen haben, schreiben sich ja erst fort, indem ich weiterlebe. Das eine oder andere Happy End wartet wohl erst in meiner Zukunft.

Ich darf geduldig sein. Auch der schönste Liebesfilm wäre doch eine echte Tragödie, wenn man ihn mitten in der schlimmsten Szene beenden würde. Wenn ein Mensch stirbt, glauben wir, es sei alles zu Ende. Kein Wunder, dass wir meinen, in einem Drama gefangen zu sein. Doch mein

Leben zeigt mir jeden Tag aufs Neue: Der Film läuft weiter. Und was eben noch wie das Ende der Welt aussah, kann bald zu einer neuen guten Fortsetzung führen. Auch die Geschichte unserer Liebsten ist nicht zu Ende, nur weil sie tot sind. Sie darf sich im Lauf der Zeit entwickeln und wandeln, gemeinsam mit uns, die wir die Geschichte weiterschreiben.

Vor Kurzem erst habe ich ein neues vorläufiges Happy End gefunden, um das ich lange gerungen habe. Die Erinnerung an meinen Sohn Thimo hatte sich nämlich eine Zeit lang in eine große, klaffende Wunde verwandelt, die nicht mehr verheilen wollte. Sein ganzes Leben schien mir auf ein einziges Bild zusammengeschrumpft: Thimo im Spital, mit gebrochenen Gliedern, blauen Flecken, an zehn Maschinen gehängt. Und ich, daneben, nicht in der Lage, sein Leid zu lindern.

Dieses Bild wurde schamlos dominant, setzte sich durch gegen alle anderen erfreulichen Bilder der Vergangenheit. Wenn ich versuchte, auf andere Gedanken zu kommen, fielen mir bloß hundert weitere Szenen ein, in denen Thimo arm, traurig und hilflos gewesen war. Ich griff zum Fotoalbum, doch auch da sah ich nur einen kleinen, verletzlichen Buben – schwach, zart, ein Opfer der großen, bösen Welt. Sogar die Fotos, auf denen er lachte, hatten in meinen Augen einen tragisch-fragilen Anstrich bekommen.

»Er war so zart, und ich konnte ihn trotz all meiner Liebe nicht beschützen.« Monatelang jammerte ich das meinen Freundinnen vor, oft unter Tränen, und auch meiner Therapeutin erzählte ich viele Stunden lang von meinem Schmerz. Vergangenen Sommer fand Kornelia, Thimos Kindergärtnerin, schließlich den Zauberspruch, der meine irrlichternde Fantasie erlöste. »Ach was, der Thimo war ein starker, lustiger Kerl. Und außerdem ein guter Schauspieler. Wie er sich immer in Tragödien hineingesteigert hat! Ganz schön gekonnt. Er war halt der Sohn von zwei Schauspielern, die Selbstdarstellung hat er von euch geerbt. Ich wollte dir damals schon sagen, dass du dich nicht so von seinen Katastrophengeschichten beeindrucken lassen sollst. Er hat euch ziemlich oft um den Finger gewickelt, und bei dir hatte er immer Erfolg, wenn er so tat, als ob er hilflos wäre.«

Thimo, der begabte, kleine Schauspieler. Auch so kann man es also sehen. Weiß ich, welche Variante wahr ist? Muss ich es wissen, um meinem Sohn nach seinem Tod gerecht zu werden? Ich versuche, mich nicht mit diesem Anspruch zu belasten. Schon mitten im Leben habe ich gewiss vieles übersehen und anderes hinzuaddiert. Ich habe das Bild, das ich von meinem Sohn hatte, selbst mitgestaltet. Er ist mir bestimmt nicht böse, wenn ich es auch nach seinem Tod so halte. In Liebe zu meinem kleinen Buben entscheide ich mich dazu, mir selbst und anderen die bestmögliche Geschichte zu erzählen und die Erinnerungen auszuwählen, die mich mit Freude erfüllen. Als Autorin unseres gemeinsamen Lebens ist es an mir, zu entscheiden, welches Lebensbuch ich schreiben will. Schmerzhafte Kapitel der Vergangenheit verdränge ich nicht. Doch ich weiß, sie brauchen gute Zuhörer und einen sorgfältig gewählten Platz. Gerade unsere Wunden sind zu wertvoll, um sie jedermann anzuvertrauen. An ihnen dürfen wir weiter wachsen.

»Komm«, sagt die Erinnerung, »lass uns weiterleben. Wir beide werden uns verändern, du und ich. Du musst mich nicht festhalten. Ich fließe mit dir wie dein Atem. Ich gehe auf und unter, so wie die Sonne. Ich umspüle dich wie ein kühler Bach, auch er lässt sich nicht halten. Du bist geborgen, denn du lebst in allen Geschichten, die das Leben schreibt.«

Realität

Es gibt eine Welt,
in der wir noch Federball
spielen,
wie früher.

Auf der
Wiese, die
jetzt von meinen Tränen
gegossen wird,
lachen wir
in dieser Welt.

Sie ist nur ein bisschen
unsichtbar.

Aber
warum soll sie denn deshalb
nicht
wirklich sein?

Genauso wirklich
wie du, den ich
auch nicht mehr sehe,
neuerdings.

Es gibt sie.
Ich habe sie eben
durch meine Tränen schimmern sehen,
diese Welt,
in der wir fröhlich sind
und Bälle fliegen lassen,

einfach
so.

Nicht einmal du,
Angst,
kannst sie mir nehmen.
Siehst du?

Ein Punkt für mich.

Wie geht es mir?

Lachen. Nicken. Blicke, die verstohlen zur Nachbarin wandern … Wie gut kenne ich diese Reaktionen. Wenn ich Vorträge zum Thema Trauer halte, erkundige ich mich oft beim Publikum, wem außer mir die Frage »Wie geht es dir?« nicht ganz geheuer ist. Das Echo meiner Zuhörer ist eindeutig. Das verschworene Raunen, das durchs Auditorium geht, zeigt mir regelmäßig, dass hier irgendetwas ins Schwarze trifft.

»Wie geht es dir?« Im normalen Leben ist diese Frage nicht mehr als ein vertrautes Ritual. Ein Gruß, eine höfliche Geste. Uns jedoch, die wir trauern, zeigt gerade diese Frage, wie unbequem und kompliziert das Leben auf einmal geworden ist. Es ist ein Jammer. Gerade in einer Zeit, in der wir nichts dringender brauchen als die liebevolle Zuwendung unserer Freunde, plustert sich dieses kleine Wortbündel auf, als hätte es nichts anderes zu tun, als uns das Leben schwer zu machen.

Trauern, das ist eine Achterbahn der Gefühle, sagt man oft. Diese Aussage ist gewiss nicht falsch. Doch wenn ich an die erste Zeit meiner Trauer denke, erzählt meine Erinnerung noch eine andere Geschichte. »Wie geht es dir?«

Das Problem mit dieser Frage lag zunächst nicht darin, dass ich zwischen zu vielen Gefühlen gleichzeitig hin- und hergerissen war. Es ging mir eher ... überhaupt nicht. Im Grunde hätte man mich auch etwas fragen können wie: »Schlpf vereitz komollerik?«, ich hätte ebenso ratlos dreingesehen.

Wie an einen Reflex aus einer fernen Vergangenheit erinnerte ich mich daran, dass ein fröhliches »Danke, gut« noch vor Kurzem die richtige, die ganz einfache Antwort gewesen war. Es war klar, dass das nun nicht mehr ging. Also ... schlecht? Nein, auch das konnte ich so nicht sagen. Ich befand mich vielmehr in einem leeren Raum, zu dem Gefühle keinen Zutritt hatten, ich schwebte wie durch eine Zauberwelt, als wäre ich gerade erst von einem fremden Stern in meinem Körper und auf diesem Planeten gelandet. Ich tickte ganz anders als die Uhren dieser Welt. Alles lief in Zeitlupe, und jedes winzige Detail meines Lebens erschien mir hundertfach vergrößert.

Ich sammelte warmgelbe Sonnenstrahlen und freute mich an ihnen, als wären sie eine mystische Erscheinung. Ich traf Menschen, die mir freundlich zulächelten, auch das ein Wunder, über das ich nur staunen konnte. Ich erblickte mich selbst im Spiegel und kam mir vor wie eine entfernte Bekannte, die mir nicht unsympathisch, aber auch nicht besonders vertraut war. Zu all diesen Eindrücken hatte ich keine Meinung, kein Gefühl. Ich fühlte mich mit allem verwoben, was mir begegnete. Mittendrin. Nicht weit genug entfernt, um einen Standpunkt zu beziehen.

»Es ist, was es ist, sagt die Liebe«, schreibt Erich Fried in seinem berühmten Gedicht. Und genauso fühlte es sich an. Wertfrei, schwebend, ohne jedes Urteil. Ist es möglich, dass wir der Liebe, wie sie Erich Fried beschreibt, nie näher sind als im Angesicht des Todes unserer Liebsten? Kann es sein, dass uns in Zeiten des Abschieds die Hand gereicht wird, damit wir spüren, dass wir aufgehoben sind – geborgen in einem sehr großen Ganzen, in dem die Frage nach schlecht oder gut ungefähr so wichtig ist wie ein Staubkorn auf dem Fensterbrett?

Es kommt immer wieder vor, dass mich Menschen ansprechen und mir erzählen, wie sie den Tod einer geliebten Person erlebt haben. Manchmal vertrauen sie mir, verstohlen und leise, ein Geheimnis an. Etwas, das sie kaum jemals äußern, weil sie nicht glauben, dass es jemand versteht. »Als meine Mutter gegangen ist, wie soll ich sagen, das war irgendwie … schön. Wissen Sie, was ich meine?« Ja, ich weiß. Auch ich habe es so erlebt. Es war natürlich nicht gut, es war aber auch nicht schlecht – nein, dieses Urteil wäre zu einfach. Es … *war*. Es war schön, in einer Weise, die sich kaum in Worte fassen lässt. Still. Weit. Erhaben. Unendlich groß.

Da, wo der Tod die Tür aufmacht, beginnen wir zu ahnen, dass unser Leben nur ein Raum, ein kleiner Raum von vielen ist. Ein Zimmer, das uns Halt gibt, weil wir aus Erfahrung wissen, was innerhalb der bekannten Grenzen gut und richtig ist. Der Tod tritt in unser Leben, und es öffnet sich eine Tür, von der wir vorher gar nichts wussten. Ein Windhauch streift uns, wir hören ein leises Flüstern: *Es ist zu groß, als dass du es erfassen kannst. Es ist jetzt, es ist da.* Es ist, was es ist, sagt die Liebe. Es ist, was es ist, sagt auch der Tod.

Irgendwann im Laufe unseres Lebens kommt uns der Tod eines Menschen so nah, dass er uns berührt wie eine Hand, die sich genau auf unsere Wange legt. Dann wissen

wir: Jetzt sind wir gemeint. Jetzt ist es uns nicht mehr möglich, wegzusehen. Dieser persönliche, dieser intime Tod
zwingt uns, die Ordnung unserer bisherigen Welt, unsere
festen Ansichten und Bewertungen infrage zu stellen. »Wie
geht es dir?« – Wie soll man das nur beantworten, wenn
man gerade etwas erfährt, das größer ist als alles, was man
verstehen kann?

Als meine Kinder im Krankenhaus lagen – bewusstlos,
still, man konnte ihre Flügel fast schon wachsen hören –,
kam es mir so vor, als stünde der Tod tatsächlich gleich
neben mir im Zimmer. Er und ich: Es war unsere Stunde,
unsere Zeit. Es war an mir, ihn in mein Herz zu lassen und
endlich zu akzeptieren, dass er tatsächlich dazugehört. Zu
uns. Zu allem, was wir halten wollen, weil wir es lieben. Zu
allem, was vergehen muss, weil die Welt es so will. Ich habe
erlebt, wovon Hilde Domin in ihrem Gedicht »Unterricht«
spricht.

> Jeder, der geht,
> Belehrt uns ein wenig
> Über uns selber.
> Kostbarster Unterricht
> An den Sterbebetten.

Was haben mir meine Toten beigebracht? Vielleicht vor allem dieses: Dem Tod geht es nicht darum, wie es uns mit
ihm geht. Und es ist gar nicht unsere Aufgabe, eine Haltung
zum Tod zu beziehen. Es wäre nahezu lächerlich. Der Tod
ist keine Frechheit, keine Beleidigung, keine Gemeinheit
und kein Unglücksfall. Der Tod ist da – egal, ob es uns gut
geht oder schlecht. Er ist verlässlich, er ist beständiger als

jedes unserer Gefühle. Der Tod ist eine Tatsache. Er lässt sich nicht davon beeindrucken, wie wir uns fühlen. »Ich bin da, und ich bleibe, egal, wie es dir geht«, sagt er. Ein Satz, den wir nur unseren besten Freunden wirklich glauben.

Die Zeit des Nichtfühlens, in der ich wie ein neugeborenes Marsmännchen durchs Leben ging, ist mir in Erinnerung geblieben. Es war eine seltsame, eine besondere Zeit, erfüllt von Staunen und Liebe zu allem, was mir begegnete. Ich versuche bis heute, mir etwas von dem schwebenden, geborgenen Gefühl dieser Tage zu erhalten und mir immer wieder zu vergegenwärtigen, wie es sich anfühlt, nicht gleich zu bewerten, nicht zu wissen und nicht alles sofort zu verstehen.

»Klar, du warst im Schock«, höre ich manchmal, wenn ich von dieser Zeit erzähle. Vermutlich ist das korrekt. Und doch finde ich es schade, wenn man alles auf dieses eine Wort reduziert. »Schock«, das klingt so, als wäre ich damals betäubt und nicht ganz zurechnungsfähig gewesen. So, als wäre das, was ich erlebt habe, nicht wirklich echt. Ich sehe das anders: Nie habe ich mich echter gefühlt, nie war ich näher am Leben als genau in dieser Zeit.

Nahe am Tod gibt es einen Platz, an dem es möglich ist, tiefe, vielleicht sogar mystische Erfahrungen zu sammeln. Nicht nur ich kann davon berichten. Viele Menschen, die scheinbar die Orientierung verloren haben, nehmen Dinge wahr, die uns im Trubel des Alltags nur zu leicht entgehen.

Für gewöhnlich sehen wir nur das, was in unser gegenwärtiges Weltbild passt. Es heißt zum Beispiel, dass die amerikanischen Ureinwohner sich im Jahr 1492 nicht rechtzeitig gegen die spanischen Eroberer wehren konnten, weil sie die Schiffe des Christoph Kolumbus einfach nicht sahen – und das, obwohl diese schon groß und breit am Horizont standen. Schiffe, so etwas gab es eben nicht in der Welt der Indigenen. Und was es nicht gibt, ist für den Menschen unsichtbar, so lange, bis er es kennt.

Auch uns schien es gerade noch unglaublich, unmöglich, dass unser geliebter Mensch tatsächlich tot sein könnte – aber nun ist es geschehen. Wir haben eine Erfahrung gemacht, die unseren bisherigen Horizont sprengt. Kann uns diese Erfahrung für weitere Unglaublichkeiten öffnen? Ist es möglich, dass sie uns in ein ganz neues Land, in ein Reich bislang unbekannter Möglichkeiten führt?

Die neue Welt, die ich nach dem Tod meiner Familie betrat, war voll von Erfahrungen, die ich zuvor nicht für möglich gehalten hatte. Die meisten davon waren nicht bedrohlich. Ich durfte zum Beispiel erkennen, dass mein Leben auch dann wertvoll ist und dass ich auch dann etwas zu geben habe, wenn ich gerade nicht wie ein gut gelaunter Sonnenball durch die Gegend hüpfe. Dass es Menschen gibt, die gern in meiner Nähe sind, auch wenn ich sie nicht mit Fröhlichkeit verwöhne. Dass manche Gefühlswellen ganz von selbst vergehen, auch wenn ich überhaupt nicht verstehe, warum. Das alles war mir tatsächlich vollkommen neu. Vierunddreißig Jahre lang hatte ich diese Möglichkeiten nicht gesehen, ich hatte nicht an sie glauben können. Heute sind sie Teil des Fundaments, auf das ich baue.

»Wie geht es dir? Was fühlst du? Was erlebst du gerade?« Wie schön kann es sein, wenn diese Fragen wirklich ernst gemeint sind. Wenn wir auf Menschen treffen, denen es gelingt, sie ohne den Unterton vorauseilender Besorgnis zu stellen. Jenen, die uns auf Augenhöhe begegnen und wirklich neugierig sind, haben wir viel zu erzählen. Ihnen berichten wir, wie es sich anfühlt, neugeboren zu sein, in einem seltsamen, nicht geordneten Leben. Schlecht oder gut? Wir müssen uns nicht entscheiden. Als Botschafter des Unsichtbaren, des Unerhörten, als Forschungsreisende in einem Leben, das sich gerade neu ordnet und versucht, Frieden mit dem Tod zu schließen, ist es nicht unsere Aufgabe, Bescheid zu wissen. Immerhin haben wir gerade eine neue Welt entdeckt.

»Danke, dass du fragst, das tut mir gut.« Dieser Satz hilft mir bis heute, die Entscheidung zwischen gut und schlecht hintanzuhalten. Er macht es mir möglich, kurz durchzuatmen und Schwung zu holen, um dann davon zu erzählen, was mich im Augenblick bewegt. An anderen Tagen, dann, wenn ich gerade nichts erzählen will, mache ich es mir leichter. »Erzähl lieber du«, sage ich dann. Auch das funktioniert ganz gut. Es ist nicht immer leicht, ungewöhnliche Sätze zu gebrauchen und die Ebene der einfachen Antworten zu verlassen. Aber die Erfahrung der vergangenen Jahre hat mich darin bestätigt, dass sich die Mühe lohnt.

Natürlich habe auch ich die alltäglichen Worte ausprobiert. Schlecht. Gut. Irgendwann, als mein Gefühlshirn seine reguläre Arbeit wieder aufgenommen hatte, machten diese Begriffe wieder Sinn, und zunächst war ich froh, dass sie mir erleichternd zur Verfügung standen.

»Es geht mir schlecht.« Ja, das habe ich oft gesagt. Nachdem die erste Zeit des Nichtfühlens vorüber war, fiel es mir eigentlich gar nicht schwer. Die Brille, durch die ich mein Leben ansehen musste, um mich elend zu fühlen, lag ja stets bereit. Und wann immer ich diese Antwort gab, konnte ich sicher sein, dass man mir das geben würde, wonach ich mich sehnte: Zuwendung, Verständnis, Mitgefühl. »Es geht mir schlecht«, diese Aussage war einfach und klar, und jeder verstand sofort. Die Sache hatte nur einen Haken. Beziehungsweise zwei.

Erstens: Es blieb meist nicht bei der kurzen Antwort. Meine Freunde wollten mich trösten, und sie machten sich sogleich bereit, genauer zu erfahren, was mich gerade am meisten bedrückte. Weil ich sie nicht enttäuschen wollte, erzählte ich alles, was mir auf dem Herzen lag. Warum es mir nicht gut ging? Na, da hatte ich natürlich viel zu bieten. Und während ich sprach, fiel mir oft noch mehr ein. So kam es, dass ich mich, angefeuert vom mitfühlenden Nicken und der spontanen Umarmung meines Gegenübers, in einen Strudel der Katastrophen hineinredete, aus dem wir schließlich beide keinen Ausweg mehr fanden. Wenn ich das bemerkte, bekam ich gleich ein schlechtes Gewissen, und das machte die Sache nur noch schlimmer.

Einfach reden, das hilft leider nicht immer. Gerade da, wo wir versuchen, die fragile Balance zwischen guten und schlechten Gefühlen zu halten, kann es sogar zu Problemen führen. Unsere Sprache ist die Musik unserer Seele. Wenn wir sprechen, entscheiden wir uns intuitiv für eine Tonart. Dur oder Moll. Wir haben keine rechten Worte für diesen Zustand dazwischen, in dem unsere Gefühle wackeln wie ein Kind, das gerade zum ersten Mal auf dem Fahrrad sitzt. »Schlut«, dieses Wort gibt es leider noch nicht. In meinem Freundeskreis habe ich es eingeführt, als Code, den meine Vertrauten verstehen. Damals, als ich ein Trauerneuling war, hatte ich es noch nicht zur Verfügung. So entschied ich mich eben für das Naheliegende. Für das Wort, das man mir glaubte.

»Es geht mir schlecht.« Wenn ich erzählte, warum, kam es vor, dass meine Worte dieses Gefühl erst so richtig wahr werden ließen. Die Bilder, die ich mit Worten malte, holten das, was zuvor nur eine leise Schwingung gewesen war, in die fühlbare Realität. Mein Körper folgte wie ein braves Instrument. Und tatsächlich, es ging mir schlecht. Spätestens dann, wenn ich fertig gesprochen hatte.

Aber auch für die Freundin, die gerade für mich da sein wollte, war das nicht leicht. Sie trat an, mich zu trösten, doch das funktioniert eben nicht besonders gut, wenn man mit Trauernden spricht. Wie soll man auch Trost spenden, wenn man es mit »Tod dem Großen« zu tun hat, mit einem zerfallenen Leben und außerdem mit einer Sehnsucht, die beim besten Willen nicht zu stillen ist?

»Komm, ich puste, und dann ist alles wieder gut.« Wie sehr hätten wir uns gewünscht, dass es so einfach geht. Und nicht nur einmal kam es vor, dass wir frustriert kapitulierten, ja, dass sich sogar so etwas wie Kränkung einschlich, weil selbst die liebsten Worte meinen Schmerz nicht lindern konnten.

»Mir geht es schlecht.« – »Warum? Komm, erzähl!« Harmlos, verbindend. Ein einfacher, natürlicher Wortwechsel. Doch er verselbstständigte sich gern wie durch Zauberhand. Er war stark. Stärker als wir alle.

Ich glaube, es gehört zu den Aufgaben, die wir Trauernden sehr ernst nehmen müssen: bewusst zu wählen, wann und wie wir über unsere Schmerzen sprechen. Der Tod hat sich auf unsere Schulter gesetzt, für eine Zeit sind wir seine Träger und Boten. Wir tragen ihn herum, weil uns nichts anderes übrig bleibt. Und wir spüren instinktiv: Wir schleppen da mehr als nur unseren persönlichen Kummer. Wir tragen den Schmerz und das ganze Leid der Welt. Es ist wirklich schwer. Für uns, aber auch für die, die uns begleiten.

»Wie geht es dir?« Die lieben Menschen, die uns fragen, wissen nicht, worauf sie sich einlassen. Wie sollen sie auch? Sie ahnen nichts von den Abgründen, die sich auftun, wenn wir erst einmal wirklich zu reden beginnen. Reden, trösten, Erleichterung finden – nein, so einfach ist das in der Trauer nicht. Was bleibt als Ausweg?

»Ganz gut, danke.« Eine Möglichkeit. Nicht besser und nicht schlechter als die andere. Doch auch diese Antwort war problematisch. Dabei war sie meistens nicht einmal gelogen, zumindest genauso wahr wie ihr Gegenteil.

Wenn ich nicht gerade in Sehnsucht oder Sorgen um meine Zukunft erstickte, wenn ich nicht gerade vergeblich versuchte, meinen Ofen anzuheizen, ein Regal zu verschieben oder den alten, störrischen Rasenmäher zu starten, fühlte ich mich im Frieden mit dem Leben, ja, sogar dankbar für alles, was die Welt mir augenblicklich schenkte. Und doch zögerte ich, mich zu meinen guten Gefühlen zu bekennen. Gut, dieses Gefühl schien mir zart wie ein Schmetterling, den man nur ja nicht berühren durfte. Fragil, als würde es in dem Moment verschwinden, da ich es beim Namen nannte.

Ich hatte Angst. Ganz gut, diese Formel kam mir vor wie der Code einer elektronischen Chipkarte. Kaum nahm ich sie in den Mund, würde die Tür zur normalen Welt des Alltags weit aufschwingen. Doch war ich bereit für diese Welt? *Wem es gut geht, der wird für voll genommen. Wem es gut geht, der darf nicht einfach aufspringen und davonlaufen, der wird nicht verwöhnt und achtsam umsorgt. Wem es gut geht, der ist stabil und belastbar. Er verliert seinen Sonderstatus. Er hat zu funktionieren, wie alle anderen.* Nein, so weit war ich noch lange nicht.

Ich wünschte mir so sehr, dass man die guten Momente mit mir feiern würde wie Kostbarkeiten, wie seltene Kometen, die nur in besonders heiligen Zeiten am Himmel auftauchen. Wenn es mir gut ging, hatte das meistens einen konkreten Grund. Eine neue Erkenntnis, ein erfreuliches Erlebnis, ein kleines Wunder, das mir eben widerfahren war. Eine Erinnerung, ein Erfolg, irgendetwas, das ich trotz meiner Kraftlosigkeit geschafft hatte.

»Es geht mir gut.« – »Warum? Komm, erzähl!« Die Frage nach Ursachen hätte eigentlich viel besser zu meinen guten Gefühlen als zu den schlechten gepasst. Leider hat mich nie jemand gefragt, warum es mir gut ging. Ich hätte gern mehr erzählt, hätte gern gemeinsam mit meinen Freunden darüber gestaunt, dass es einem gut gehen kann, obwohl im Grunde alles schrecklich ist, und darüber, wie dankbar man für kleinste Erfolge und helle Gedankenfäden sein kann, wenn man sonst nichts mehr hat. Doch für die meisten war es offenbar einfach nur erleichternd, wenn sie mich einmal nicht trösten mussten. Ganz gut, das war sehr praktisch. Damit war wenigstens die Frage nach den Samthandschuhen für dieses Mal abgehakt.

»Ah, geht es dir schon wieder besser?« Vor diesem Satz fürchtete ich mich am meisten. Er ließ mich ahnen, wie hoch die Erwartungen waren, die man an mich stellte, und wie sehr sich das, was ich erlebte, von den Erfahrungen des normalen, alltäglichen Lebens unterschied. Ich wurde richtig wütend. Nein, es ging mir nicht *schon wieder besser*. Ich konnte keine lineare Entwicklung bieten, die stetig aufwärts von der Katastrophe in Richtung Glück führte. Tatsächlich ging es mir manchmal sogar richtig gut, doch schon am nächsten Tag oder schon ein paar Minuten später konnte alles wieder anders sein. Meine Gefühle waren nicht berechenbar – nicht einmal für mich. Wäre mein Leben in Echtzeit verfilmt worden, jeder Zuseher hätte nach ein paar Minuten an der Fernbedienung gedreht, um das Programm zu wechseln. Denn die Handlung war verworren und ganz und gar nicht spannend. Zuschauern wäre sie beliebig, fahrig und vollkommen unlogisch erschienen.

Mein Leben stand zwar im Zeichen einer fernsehreifen Todeskatastrophe, nur entspann sich daraus keine greifbare Geschichte, sondern nichts als Schrott. »Holt mich hier raus«, hätte ich gern gerufen. Wie Bernd das Brot fühlte ich mich gefangen in einem Film, der manchmal tragisch, manchmal lustig, aber vor allem schrecklich öde war. Ich hatte wirklich nichts zu bieten. Keine neue Sensation, keine klaren Worte, keine Orientierung – nicht einmal ein eindeutiges Gefühl.

Außenstehende stellen sich den Zustand der Trauer dramatisch vor. Ich meine, das Schlimmste an der Trauer ist, dass sie genau diese Dramatik weitgehend vermisst. Sie hat keinen Handlungsfaden, zumindest keinen, den wir gleich erkennen können. Sie ist nicht spannend und führt nicht geradeaus. Eben deshalb fühlen wir uns in ihr so verloren. Anders als sonst haben wir gerade in der Zeit der Trauer keine persönliche Geschichte zu erzählen. Verlust, das ist eine Tatsache, aber keine Handlung. Keine Entwicklung. Nichts, worin wir uns getragen fühlen können. Von Kräften getrieben, die wir selbst nicht verstehen, sind wir die Letzten, die Auskunft darüber geben können, wo wir stehen und wie es uns geht.

Bernard Jakoby beschreibt in seinem Buch »Keine Seele geht verloren. Hilfe und Hoffnung bei plötzlichen Todesfällen und Suizid« eindrücklich die Mauer der Sprachlosigkeit, die sich zwischen trauernde Menschen und viele ihrer Bekannten schiebt. Auch ich habe erlebt, dass Menschen die Straßenseite wechselten, wegschauten oder nach wenigen Sätzen die Flucht ergriffen. Ich muss gestehen, dass ich früher selbst nicht besser war. Oft war ich die Erste, die sich unsichtbar machte oder sich schnell aus der Affäre zog.

Trauern, das heißt vor allem: eine Zeit lang ausgesperrt zu sein aus der Welt der logischen Geschichten und Ereignisse. Die Hebel und Werkzeuge, mit denen man seine Welt für gewöhnlich gestaltet, zu verlieren. Ins Leere zu greifen, ins Leere zu fühlen. Wo man sich selbst nicht auskennt, fällt es schwer, Worte zu finden. Kein Wunder, dass man sich lieber versteckt. Was bleibt uns übrig? Wir hoffen, dass dieser Zustand von selbst verschwindet so wie das taube Gefühl in unserer Wange nach einem Zahnarztbesuch. Wir halten still und warten darauf, dass die Zeit vergeht.

Heute, nach sechs Jahren, kann ich sagen, dass diese Taktik nicht die schlechteste ist. Die Zeit arbeitet tatsächlich für uns, und spätestens nach ein paar Jahren hat sie uns so weit gebracht, dass wir »gut« und »schlecht« wieder hinlänglich unterscheiden und uns in diesen Kategorien orientieren können. Offenbar gibt es in uns Menschen gewisse Ordnungskräfte, die wir nicht verstehen. Sie wirken langsam, so langsam wie der Stundenzeiger einer Uhr. Sie sind allerdings nicht pünktlich – ihr Werk ist nicht verlässlich innerhalb eines Jahres vollbracht. Wir können der Zeit nicht bei der Arbeit zusehen. Und doch erkennen wir – meistens rückblickend –, wie nachhaltig wir uns verändert haben. Wir dürfen auf den Lauf der Zeit vertrauen.

Ist das alles? Ich glaube nicht. Ich bin überzeugt davon, dass wir die ungewöhnliche Zeit der Trauer bewusst nutzen können. Der Ausnahmezustand der Trauer könnte eine Phase sein, in der wir neuen Perspektiven eine Chance geben. Wir sind es nicht gewohnt, zu taumeln. Doch mit ein bisschen Übung kann auch das heftigste Taumeln zu einem Tanz werden, der uns weiter tragen kann als jeder geplante Schritt.

»Meine Trauerzeit war viel zu schnell vorbei. Ich habe sie gar nicht richtig genutzt.« Immer wieder treffe ich Menschen, die so damit beschäftig waren, möglichst schnell wieder normal zu sein, dass sie es später sogar bereuten. Sie blicken zurück und wünschen sich, die vogelfreie Zeit noch einmal erleben zu dürfen. *Normal,* das kommt schneller, als man denkt. Wir dürfen uns entspannen, gerade da, wo es noch nicht so weit ist.

Viele von uns waren daran gewöhnt, auf der Leiter des Lebens nach oben zu klettern. Die nächste Sprosse, sie haben wir stets gesucht, und wenn es einmal abwärts ging, haben wir alles darangesetzt, möglichst schnell wieder aufzuholen. Aufwärts, in Richtung Glück. Besser und besser, mehr und mehr. So hat man es uns beigebracht.

Der Tod eines geliebten Menschen bringt die Mauer zum Einsturz, an der die Leiter lehnte. Wie sollen wir jetzt weitermachen? Ich habe lange gebraucht, um zu erkennen, dass es nicht immer um den Weg nach oben gehen kann. Irgendwann habe ich mir ein Bild ausgedacht, das mir bis heute Gelassenheit schenkt: *Wie wäre es, wenn ich die Leiter, die gerade nicht nach oben führen will, einfach ins Gras lege?*

Ich lehne sie an einen Stein, sodass ein Holm am Boden liegt und der andere ein Stück weiter oben parallel verläuft.

Zwei Holme, dazwischen viele Sprossen. »Gut« und »schlecht« – vielleicht verlaufen diese beiden Haltungen parallel wie Holme einer Leiter, in jedem Moment unseres Lebens gleichermaßen verfügbar. Kann es sein, dass der Weg von schlecht nach gut nicht mühsam, Stufe um Stufe zu erklimmen ist, sondern sprunghaft entlang vieler, vieler Sprossen verläuft – rauf und runter, jederzeit, immer wieder neu?

»Gut.« Vielleicht ist das nicht das Ziel unserer Reise, sondern nur eine mögliche Haltung, eine Gangart, die wir uns erobern können und die uns manchmal auch wie von selbst geschenkt wird. Und »schlecht« ist nicht der Beginn eines Wegs, nicht der Ausgangspunkt, sondern ein Zustand, der ebenfalls dazugehört.

Was tut mir gut, was hebt meine Laune? Und welche Sprossen lassen mich verlässlich nach unten rutschen? Ich denke, jeder von uns kann zu diesen beiden Fragen eine lange Liste erstellen. Gerade in Zeiten der Trauer lernen wir die Sprossen, auf denen unser Leben tanzt, besonders gut kennen. Sie treten deutlicher zutage, sie zeigen sich in voller Wucht. Im normalen Leben haben wir genug Kraft, um uns vor jähen Abstürzen zu sichern, wir können den Weg nach unten abbremsen oder im Übermut auch einmal drei Sprossen auf einmal nehmen. Diese Kraft haben wir in Trauerzeiten nicht. Wir müssen ehrlich sein mit uns selbst, müssen die Sprossen der Leiter so nehmen, wie sie sind. Was uns nicht guttut, lässt uns abstürzen, die Toleranzschwelle für Belastungen geht gegen null. Das Leben wird eindeutiger, wenn man nicht mehr schummeln kann.

Was tut mir gut? Auch das durfte ich in meiner Trauerzeit deutlich erkennen. Eine Orange schälen. Die Hände langsam mit lauwarmem Wasser waschen. In den Wald gehen und wandern, bis ich schwitze. Mit Ölkreiden malen. Ein Glas Cola trinken. Stricken. Drei Bälle jonglieren. So simpel sind die Kleinigkeiten, die mein Gemüt erhellen. Das Wissen um die einfachen Glückswerkzeuge, die mir guttun und die mich beruhigen, hat sich gerade in der Zeit meiner Trauer stark erweitert. Bis heute greife ich auf diesen Erfahrungsschatz zurück.

Auch vieles von dem, was meine Laune abstürzen lässt, lernte ich zu identifizieren. Als ich begann, die Abwärtssprossen näher zu erforschen, war ich überrascht. Denn die meisten von ihnen haben gar nichts mit dem Tod zu tun, sondern viel eher mit meinen verzweifelten Versuchen, mich um jeden Preis oben zu halten und so zu tun, als wäre alles in Ordnung. *Achtung, Überforderung!,* das müsste ich eigentlich auf ein rotes Schild schreiben. Mit ihm könnte ich einen langen, glitschigen Bereich meiner Leiter markieren.

Zu lange unter Menschen gehen, ohne die Möglichkeit, mich auszuklinken. Zu wenig schlafen, zu lange nicht duschen, Kleider anziehen, die mir zu eng sind oder zu weit oder mir nicht gefallen. Zu viel lesen, ohne mich zwischendurch zu bewegen. Zu lange am Computer sitzen, zu lange in der Nähe kleiner Kinder sein. All das lässt mich verzweifeln. Mein Körper reagiert mit Schweißausbrüchen, mit Lähmungserscheinungen oder kopfloser Panik. Was tun?

Weitergehen. Die nächste Sprosse suchen, die nach oben führt. Geduldig sein und kleine, kleine Schritte tun. Heute weiß ich: Es ist kein Misserfolg, wenn es mir schlecht geht. Leben bedeutet, zu balancieren und dabei immer wieder auch abzurutschen. Es hat keinen Sinn, damit zu hadern. Wenn wir im nassen Gras sitzen, ist das eine gute Gelegenheit, zu verschnaufen und uns neu zu orientieren. Vielleicht können wir die Sprosse, die uns abstürzen ließ, identifizieren und benennen. *Ah, du schon wieder.* Beim nächsten Mal erkennen wir sie vielleicht rechtzeitig, bevor wir fallen.

Wir müssen uns nicht böse sein, wenn wir immer wieder zu Boden gehen. Wir machen nichts falsch. Oft sind wir mutig, risikofreudig, bereit, ein wenig mehr zu geben, als wir können, nicht aus Dummheit, sondern weil wir uns dem Leben und seinen Risiken stellen. Es ist nicht möglich, die schlechten Gefühle auf Dauer zu vermeiden. Und es muss auch nicht darum gehen, möglichst schnell wieder fröhlich zu sein. »Es geht mir schlecht«, nein, das ist nichts, wofür wir uns entschuldigen müssen. Es bedeutet nur, dass wir uns gerade ein wenig überfordert haben und noch nicht wissen, wie wir es besser machen könnten. Es heißt nur, dass wir in dieser Angelegenheit noch etwas lernen können und dass eventuell eine neue, unbekannte Aufwärtssprosse darauf wartet, von uns entdeckt zu werden.

Manchmal stelle ich mir vor, wie ich am Ende meines Lebens vor Gott stehe. »Und, ist es dir immer gut gegangen?« – ist es das, woran Gott mich messen wird? Nein, ich glaube nicht. Ich stelle mir vor, wie ich Gott vielleicht erzähle, dass es mir richtig schlecht gegangen ist, sieben Jahre lang, siebzehn oder siebenunddreißig, wer weiß, was noch kommt. Siebzehn schlechte Jahre … nach menschlichem Ermessen eine Katastrophe. Oder? Gott wird bestimmt nicht schimpfen. Er wird nicht die Hände vor dem Gesicht zusammenschlagen, er wird nicht fragen, was falsch gelaufen ist. Ich denke, er wird einfach neugierig sein. »Und, was hast du in dieser Zeit erlebt?«

Ich habe Marmelade gekocht. Ich habe Spaziergänge gemacht. Ich habe einfach geatmet, aus und ein, aus und ein.

Ich habe der Zeit gelauscht und mich gewundert, dass sie vergeht, während ich einfach nur daliege. Ich habe sehr, sehr traurige Gedichte geschrieben. Ich habe lange geschwiegen.

»Gut«, wird Gott zu mir sagen. Vielleicht wird er mich bitten, ihm eines meiner Gedichte vorzulesen.

Es gibt sie, die schlechten Zeiten. Sie gehören zum Leben, ebenso wie die Ausgelassenheit, ebenso wie das Gefühl der Schwebe, ebenso wie der Tod. Schlechte Zeiten sind wichtige Zeiten, in denen man gut daran tut, sich ein wenig Langsamkeit zu schenken. Wir werden ein paar Menschen finden, die uns helfen, besonders schlimme Tage zu überstehen und das schwarze Tuch der Verzweiflung mit Fäden der Hoffnung zu durchwirken. Geduldige Menschen, die zuhören und uns helfen, die Mülldeponien unserer Seele von den ganz großen Brocken zu befreien. Viele dieser Menschen findet man in professionellen Feldern – sie haben Übung im Umgang mit dem Treibsand menschlicher Gefühle, vor ihnen müssen wir uns nicht genieren. Ich habe sehr oft Hilfe bei Profis gefunden.

Andere Menschen, Freunde, Familienmitglieder, werden gemeinsam mit uns üben, auch angesichts unserer schlechten Gefühle gelassen zu bleiben. Sie werden lernen, vor dem Wörtchen »schlecht« nicht zu erschrecken. Sie werden es nicht zu wichtig nehmen, werden uns eine Tasse Tee kochen oder mit uns spazieren gehen und uns beweisen, dass auch das ganz normale Leben bei uns bleibt, verlässlich wie ein guter Freund. Egal, wie es uns geht. Sie werden uns vor allem dadurch helfen, dass sie unsere Stimmung nicht überbewerten und uns daran erinnern, dass wir mehr sind als unsere aktuelle Laune.

Daneben werden wir auf Personen treffen, für die die Frage nach »gut« und »schlecht« noch wirklich wichtig und ein Maßstab für den aktuellen Wert des Lebens ist. Wir hören instinktiv, wenn in der Frage, wie es uns geht, so etwas wie Drama mitschwingt, wenn sie klingt wie ein Test, bei dem es gute oder schlechte Noten zu erringen gibt. Wir werden jene, denen es oberflächlich um Erfolg und Happiness geht, nicht ändern.

»Ja, danke, es geht. Und dir?« Diese Antwort ist in solchen Fällen gar nicht schlecht, als Umleitung, die uns davor schützt, uns auf gefährliches Terrain zu begeben. Eine Schutzbehauptung, die jenen, die uns nicht sehr nahe stehen, den Zugriff auf das Schatzkästchen unserer Seele verwehrt. Sie ist auch eine Erinnerung daran, dass die ganz normale Welt der Unverbindlichkeit auf uns wartet, als Option, zur Entspannung und Erholung, in Zeiten, in denen wir keine Lust auf Tiefgang haben.

Wann immer wir eine unverbindliche Antwort geben, können wir sie still zum Geheimcode umformulieren. Wir können uns angewöhnen, dabei ein leises Danke an die Menschen zu senden, die uns wirklich nahestehen. Unser persönlicher Geheimcode kann uns daran erinnern, dass es Felder gibt, in denen genug Platz für die Wahrheit ist.

Die Trauer macht uns zu Tänzern zwischen gut und schlecht, zu Tänzern zwischen der Welt des Tiefgangs und der Welt der kleinen Notlügen. Wir müssen diesen Tanz nicht sofort beherrschen. Ich denke, wir dürfen andere und uns selbst ruhig überfordern, wir dürfen schwierig und auch schwer zu fassen sein. Wir dürfen Fehler machen – das gehört dazu. Es gibt sowieso keine richtige Antwort auf die Frage, wie es uns geht. Schon im Moment, da wir den

Mund aufmachen, ist vermutlich alles nicht mehr ganz so, wie wir sagen. Die Antwort bleibt ein Spiel, das Gespräch ein Versuchslabor.

Ich habe vieles ausprobiert. Meine liebsten Antworten, die ich immer wieder variiere: 6 Punkte auf einer Skala von 1 bis 10. Tempo 30. Es geht mir wie einem Luftballon, der gern landen würde. Ich bin müde, wäre aber für einen Spaziergang zu haben. Ich fühle mich, als wäre ich tausend Kilo schwer. Meinen Füßen geht es gut, meinem Herzen schlecht, meinem Kopf sehr schlecht, und der Bauch könnte etwas zu essen vertragen. Mal so, mal so, gerade ganz gut, Tendenz derzeit aufwärts. Wind aus Süden. Es geht mir so, dass ich nachts wach liege und viel lese und nicht weiß, was ich kochen soll. Es geht mir still. Es geht nicht, es liegt. Überraschend gut. Ein bisschen zu himmlisch. Vorsichtig gut.

Vor Kurzem habe ich wieder eine neue Variante gefunden, um mein Antwortrepertoire zu erweitern. Ich habe in meinem Synonymwörterbuch geblättert und die Worte »fröhlich« und »traurig« nachgeschlagen. Die vielen alternativen Wörter waren inspirierend und helfen mir neuerdings, das, was ich empfinde, möglichst genau zu bestimmen.

Wie geht es mir heute? Zuversichtlich, munter, dynamisch oder beglückt? Melancholisch, betrübt, entmutigt oder erschöpft? Ich lasse mir die Worte auf der Zunge zergehen, ehe ich mich entscheide. Es gibt so vieles, was wir fühlen können. Es gibt so vieles zwischen gut und schlecht. Die Welt, die es zu erobern gilt, ist reich und voller Nuancen. Sie enthält viele kleine Hinweise auf das, was uns wirklich bedrückt, und auf das, was wir gerade brauchen. »Wie geht es dir?«, das ist keine Schikane und auch kein

Test, sondern eine freundliche Aufforderung, uns selbst immer besser kennenzulernen. In allen Grauzonen, in allen Licht- und Schattenspielen. In allem, was wir mit und ohne unsere Trauer sind.

Jede Menge Leben

Vier Leben schenkt uns der Tod.
Zuerst ein stilles, kleines.
Ein Übungsleben,
ein einfach weiter Überleben,
das schenkt uns der Tod.

Das zweite bekommen wir,
um Fehler zu machen.
Todesmutig macht er uns, der Tod.
Zeigt uns, was es heißt
zu fallen. Zu irren. Was es heißt,
vor Scham zu verstummen
und trotz allem nicht zu sterben.
Ein trotz allem Weiterleben,
das schenkt uns der Tod.

Das dritte schließlich
schickt er heimlich um die Ecke.
Dann, wenn wir aufgehört haben
zu suchen

nach dem echten, unserem Leben.
Wie die Schneerose schlüpft es
aus weißem Nichts empor und sagt: Ja. Ich bin.
Es ist unser Leben.
Ein ich bin Leben schenkt uns der Tod.

Und auch er sagt: Ich bin.
Und ist
– wir wissen es –
er selbst. Das Leben nach dem Leben.
Sterben, so heißt das vierte Leben.

Sterben?
Es ist nur der Tod.
Und jede Menge Leben
als Geschenk.

Dir geht es doch gut.
Warum nicht auch mir?

Mehr tot als lebendig.

Kennen Sie dieses Gefühl? Diesen Zustand, in dem scheinbar alle Kraft aus dem Leib verdampft. Man wird lasch, fahl, man ist kaum in der Lage, auch nur einen Arm zu bewegen. Man möchte liegen bleiben, nur ein bisschen, oder eigentlich, am liebsten: für immer. Ich habe in meiner Trauer viele Stunden, Tage, ja, ganze Wochen in dieser kraftlosen Apathie verbracht. Wenn sie mich ergriff, fühlte es sich an, als hätte ein Phantom in mir Platz genommen, das meine ganze Energie verzehrte. Lebendig war das wirklich nicht. Ganz im Gegenteil.

Also, wie sonst? Mehr ... tot?

Ich habe in den letzten Jahren oft über Tote gesprochen. Und seltsam, egal, wen ich auch fragte: Wenn es darum ging, die geliebten Menschen auf der anderen Seite des Vorhangs zu beschreiben, so waren sich fast alle einig. »Ihm geht es bestimmt gut.« – »Ihr geht es sicher wunderbar.« Selten habe ich jemanden getroffen, der sich über die Hölle

Sorgen macht. Die Menschen, die an ein Fortbestehen der Seele nach dem Tod glauben, stellen sich das Totsein für gewöhnlich sehr angenehm vor. Warm, hell und leicht. In der Liebe geborgen, frei, gedankenleer, zeitlos schwebend in atmender Unendlichkeit. Das klingt besser als alles, was wir hier auf Erden meist erleben. Und ganz und gar nicht nach dem Gegenteil von Lebendigkeit. Eher sogar wie eine herrliche Steigerungsform irdischen Glücks.

Wenn es nach dieser Vorstellung ginge, wäre das beste Mittel, uns mit unseren Toten zu verbünden: Inlineskaten zu gehen, in einen warmen Badesee zu springen und anschließend in der Sonne eine Tüte Eis zu verspeisen. Es wäre zumindest eine gewisse Annäherung an das Gefühl, das die meisten von uns mit dem Himmel verbinden. Die Vorstellung, dass unsere Lieben gleich neben uns in der Eisdiele sitzen und ein wenig mitschlecken, fiele in diesem glücklichen Zustand gar nicht schwer.

Warum nur funktioniert das nicht? Es wirkt fast obszön, solche Dinge zu tun, wenn gerade jemand gestorben ist. Sport, Spiel, Eis, vielleicht sogar roter Lippenstift und eine neue Frisur? Was wir normalerweise tun, um uns aufzubauen, wenn wir unter Liebeskummer leiden, fühlt sich angesichts des Todes an wie ein Verrat. Und das, obwohl das Bild, das wir uns vom Himmel machen, doch gerade dieser Leichtigkeit entspricht. Komisch. Irgendwo in uns gibt es offenbar eine Kraft, die uns nach tödlichen Verlusten automatisch niedersinken lässt. »Trauer« – das Wort selbst kommt ursprünglich von »schwer werden, fallen, zu Boden gehen«. Und gerade da, im Sinken, im Fall, fühlen wir uns auf seltsame Art verbunden mit denen, die gehen mussten. Was ist das nur für eine Kraft, die uns da treibt? Welche Stimme spricht zu uns? Meint sie es gut? Oder lässt sie uns grundlos leiden, verstrickt in ein riesengroßes Missverständnis?

Ich habe nach dem Tod meiner Familie fast täglich an meine drei Engel geschrieben. Ungefähr in jedem dritten Brief findet sich der Wunsch: »Bitte, schickt mir ein bisschen von eurer Leichtigkeit.« Ich glaube, Heli und die Kinder haben sich sehr bemüht. Und ab und zu gelang es ihnen tatsächlich, ein wenig Himmelsduft in mein Herz zu pusten. Dann schien es mir für ein paar Momente, als würden wir gemeinsam auf Wolken tanzen. Ich war sicher: Ganz bestimmt freuten sie sich mit mir, wenn ich es mir möglichst gut gehen ließ, und jubelten, wenn mir ein Moment von Freude oder gar Glück gelang.

Eine Zeit lang machte ich mir das, worum ich mich bemühte, sogar zur selbstauferlegten Pflicht. In einem Buch, an dessen Titel ich mich heute nicht mehr erinnere, hatte ich gelesen, dass tote Kinder neben ihren Eltern bleiben und traurig sind, wenn diese weinen. Die unsichtbaren Kinder versuchen dann zu trösten und verstehen nicht, warum es nicht klappt. Diese Vorstellung schien mir grausam. Es konnte doch nicht darum gehen, dass ich meinen Kindern zuliebe jede Träne zurückhalten musste! Ich war sicher, dass Thimo und Fini nun, nach ihrem Tod, gescheit genug waren, um auch mein Weinen und meine Sehnsucht zu verstehen. Sicherheitshalber nahm ich mir trotzdem vor, auch ihnen zuliebe alles zu tun, um mich lebendig zu fühlen. Doch trotz aller Bemühungen holte mich die Schwere der Trauer immer wieder ein. Ich konnte mir selbst dabei zusehen, wie ich, kaum dass ich nicht aufpasste, welkte wie ein Blatt im Herbst. Warum konnte ich nicht einfach solidarisch glücklich sein mit den Engeln, die ich liebte? Welche Wand baute sich da zwischen mir und dem Himmel auf, welche Brocken legten sich auf mein Herz? Warum war es nur so schwer, das Glück zu suchen, sich mit den Engeln zu verbünden und dem Tod, dem Schmerz ein für alle Mal die Stirn zu bieten?

Ich wurde trotzig. Eine Zeit lang schob ich alles auf »die Gesellschaft«. Es tat gut, die Schuld zu delegieren. Das kollektive Bild, das wir vom Trauern haben, ist es nicht furchtbar grau und verstaubt? Ich ertappte mich selbst: Hätte man mich vor dem Tod meiner Familie gefragt, wie ich mir eine trauernde Witwe vorstelle, ich hätte klare Antworten parat gehabt. *Kraftlos. Gebeugt. Schwarz gekleidet. Langsam, fast wie erstarrt. Die Mundwinkel hängen, der Atem geht schwer. Ab und zu hört man ein Seufzen.*

Nun war ich selbst diese Witwe. Ich musste das ungeliebte Wort sogar auf Formulare schreiben. Und ich bemerkte, wie sich das innere Bild, das ich mir von mir machte, tatsächlich in Richtung jener traurigen Gestalt zu verschieben begann. Irgendetwas Ungreifbares hatte sich schwer an meinen Rockzipfel gehängt. Dringend hätte ich ein positives, kräftiges Gegenbild gebraucht, doch es wollte sich so leicht keines finden.

Und da gab es noch eine zweite Kraft, die ihren Schatten über mich warf. Ich wohnte auf dem Land, in einer konservativen Gemeinde. Zuerst blieb ich zwar vom Klatsch und Tratsch der Nachbarn verschont, aber irgendwann drangen erste Gerüchte an mein Ohr. Man munkelte, dass ich *nicht ordentlich* trauerte. Man fragte sich, ob meine Ehe wohl so glücklich gewesen sei, wie ich behauptete. Wie kam es, dass diese Frau nicht ständig weinte, dass sie drei Wochen lang zu einem Tanzkurs fuhr und nach ein paar Monaten sogar weiter als Clown arbeiten konnte? Da musste doch etwas faul sein, oder?

Ich staunte. Als mein Mann noch am Leben war, hatte man die Qualität unserer Liebe doch bestimmt daran beurteilt, wie fröhlich wir waren, wenn man uns sah. Nun schien es so, als hätte über Nacht eine Währungsreform stattgefunden. Meine Liebe maß man nun nicht mehr in guten Gefühlen, sondern in der Zahl der Tränen, die ich weinte, und in dem Grad, in dem sich meine Wirbelsäule in Richtung Boden neigte.

»Schickt mir Humor und Freude. Bitte!« Wieder schrieb ich in mein Tagebuch. Mittlerweile sah ich Heli und meine Kinder als die einzigen Verbündeten in meinem Ringen um das Glück. Euch geht es doch bestimmt gut. An diesen Strohhalm klammerte ich mich, so fest ich konnte.

Eine Freundin erzählte mir etwas, das mich in meiner Suche nach Leichtigkeit bestätigte. »Die östlichen Buddhisten meinen, dass wir Menschen im Westen seltsam sind: Wir lachen, wenn jemand geboren wird, und weinen, wenn jemand stirbt. Bei ihnen ist das genau umgekehrt. Die Babys tun ihnen leid, weil sie schon wieder in einem neuen, beschwerlichen Leben gelandet sind. Und für die Toten feiert man ein Freudenfest, weil sie es für dieses Mal geschafft haben, dem schweren Leben zu entfliehen.«

Ich fühlte mich von dieser Religion angezogen. Es gab also tatsächlich eine Kultur, in der Trauer und Schwere nicht automatisch in einen Topf geworfen wurden. Das war ganz nach meinem Geschmack. Natürlich begann ich mich zu fragen, wie es im Christentum um die Frage des freudigen Abschiednehmens bestellt war. Wenn ich an die klassischen Totenmessen dachte, an die gedrückten Stimmen mancher Pfarrer und die gebeugte, fast bucklige Haltung im Gebet, fühlte ich mich gleich noch schwerer als vorher. Am liebsten hätte ich mich sofort darangemacht, die Kirche zu reformieren. Im Grunde, so sagte ich mir, könnte der christliche Glaube doch eine Religion der doppelten Freude sein. Wir Christen freuen uns, wenn ein Kind das Licht der Welt erblickt. Und dann dürfen wir uns auch freuen und feiern, weil ein Mensch wieder zu Gott zurückkehrt, in Liebe, Licht und Leichtigkeit. Auferstehung, das ist es doch, woran wir glauben. Wir bräuchten kein Mitleid mit den Toten zu haben. Wir müssten uns nur darauf besinnen, wie gut es ihnen geht. Ach, alles könnte so leicht sein.

Aber irgendetwas stimmte nicht in dieser Theorie. Irgendetwas Wichtiges hatte ich in meiner Rechnung vergessen. Mein Körper sank weiter zu Boden. Und das Wort »tot« passte immer noch dazu.

Ich forschte weiter nach Schuldigen und wurde immer übermütiger. Vielleicht war ja Jesus an allem schuld. Beziehungsweise das Bild von Jesus, das sich schon in frühen Kindertagen in meinem Unterbewusstsein festgeschrieben hatte. Der Mann am Kreuz. Hängender Kopf, trauriger Blick. Leblos, tot und irgendwie ziemlich unglücklich. Plötzlich kam mir das alles absurd vor. Es entsprach doch gar nicht der Botschaft der Auferstehung! Warum zeigte man Jesus immer am Kreuz, wo doch gerade er es geschafft hatte, diesen leiblichen Tod zu überwinden?

Das Ringen mit dieser Frage gab mir schließlich den entscheidenden Hinweis. Die leere Hülle. Der Leichnam. Natürlich! Er war es also, mit dem der zentnerschwere Teil in mir sich identifizierte. Mein Kopf und mein Herz bemühten sich beharrlich um himmlische Seligkeit, aber mein irdischer, sterblicher Körper hatte auch ein Wörtchen mitzureden. Zumindest aus der Außenperspektive wusste er genau, wie der Tod sich anfühlt. Mein Mann im Bestattungsinstitut. Tiefgekühlt, erstarrt, mit leerem Blick. Meine Tochter im Krankenhaus. Ich hatte sie nach ihrem Tod gewaschen und in ihr Bett gelegt. Sie war so schwer, viel schwerer als sonst, denn sie schlief nicht, sondern sie war tot. Einen Tag später war mein Sohn, der seit vier Tagen im Koma lag, in meinen Armen gestorben. Auch er: schwer. Ohne jede Muskelspannung. Tot. Die Ärzte hatten mich vorgewarnt, und ich war nicht überrascht gewesen, als ich meine Kinder aus ihren Bettchen hob. Ich konnte gut mit der Schwere umgehen.

Mein Körper hatte dieses Gewicht offenbar abgespeichert und trug es nun in jeder seiner Zellen. Er hatte das Gefühl der Leblosigkeit verinnerlicht, so wie man sich in glücklichen Zeiten an die Umarmung eines Geliebten erinnert. Wenn wir lieben und leben, ist die Erinnerung unseres Körpers kraftvoll und prickelnd. Die letzte Umarmung jedoch, die, an der mein Körper nun festhielt, war anders. Ganz anders. Ich war mitgestorben. Und dieser leibliche Tod saß mir tief in den Knochen. Da konnte mein Herz nach Leichtigkeit suchen, so viel es wollte. Mein Körper hatte anderes zu tun. Gemeinsam mit ihm musste ich lernen, was es heißt, wieder aufzustehen.

Mitsterben ... und auferstehen. Welch große Aufgabe bekommen wir da gestellt. Und wie groß ist das Geschenk, wenn wir mitten im Leben erfahren, wie es gelingen kann. »Der Buddhismus ist die einzige Religion, die sich nicht über den Glauben definiert«, sagte meine Freundin. »Die Buddhisten sagen, wir können nichts glauben, was wir nicht selbst am eigenen Leib erfahren haben.« Trauern, das könnte bedeuten: mitten im Leben eine Auferstehung zu erfahren. Denn nicht nur unser geliebter Mensch, sondern auch wir, mit unseren Träumen, unseren Plänen und Hoffnungen, sind gestorben. In uns liegt der Leichnam eines Menschen begraben, der wir so gern gewesen wären, gemeinsam mit dem, den wir liebten. Das, was wir sein wollten, an das wir uns klammerten, fällt. Es sinkt, es muss gehen – wir haben keine Wahl. Wir müssen uns dem Prozess unserer Wiederauferstehung anvertrauen.

In Büchern über Nahtoderfahrungen liest man oft vom schwarzen Tunnel, durch den sich die Gestorbenen zwängen müssen, ehe sie das große, gütige Licht erreichen. Vielleicht ist die Schwere der Trauer die irdische Variante der Tunnelerfahrung. Vielleicht gehört das Fallen, die dunkle Schwere dazu, als unbedingter Teil der Auferstehung, als Vorbereitung für das Licht der Liebe, das auch uns, mitten im Leben, erwartet.

Dieser Gedanke versöhnt mich mit dem Bild des toten Jesus am Kreuz. Denn auch die Leiche, das Prinzip der Leiche, ist und bleibt eine Tatsache. Den leiblichen Tod zu leugnen wäre auf Dauer unmöglich, so unmöglich wie der Versuch, die nächsten drei Minuten lang nicht an einen rosa Elefanten mit grünen Punkten zu denken. Unser Weg kann nicht darin bestehen, die Leichen wegzuräumen. Sie gehören dazu, in unsere leibliche, stoffliche Welt. In der Trauer auferstehen, das muss heißen: den Tod begreifen, ihn körperlich erfahren, durch Angreifen, Hinschauen, Spüren. Oder zumindest dadurch, dass wir das Bild, das in unserem Kopf entsteht, liebevoll annehmen und erst einmal ausgestalten, bis es greifbar wird, statt es durch Ablenkungen zu verscheuchen.

Jesus am Kreuz, dieses Symbol steht wohl nicht für das Ende, sondern vielmehr für den Anfangspunkt der Auferstehung. Schau: Auch ich war ganz am Boden, verloren, hilflos und schwer. Sieh mich an. Mir ging es so wie dir.

Und nun löse dich von dem Bild. Versuche zu spüren, wo ich jetzt bin. Fühlst du meine Kraft? Ich verspreche dir: Auch du kannst diesen Weg gehen. Auch du kannst auferstehen.

Irgendwann habe ich in meinen Tagebüchern nicht mehr um Leichtigkeit gefleht. Ich habe stattdessen begonnen, meinen Engeln zu erklären, dass ich vermutlich nicht ganz so schnell bin wie sie, wenn es darum geht, wieder zu fliegen. Ich holte mir von ihnen die Erlaubnis, in die Knie zu gehen, sooft ich wollte. Es ist nicht nötig, so zu tun, als sei auch ich schon ein Engel. Das muss sogar meine himmlische Familie verstehen.

Meiner Familie geht es gut. Noch heute glaube ich fest daran, obwohl ich denke, dass vielleicht auch meine Lieben einen Weg zu gehen haben, der manchmal knifflig ist. Der Himmel, ein ewiger Urlaub an der Copacabana? So banal ist es wohl nicht. Doch ich nehme an, dass sie liebevoll begleitet sind und sich nicht einsam fühlen müssen, auch wenn sie gerade die eine oder andere Lernerfahrung machen.

Ich selbst erlebe immer öfter Zeiten der Leichtigkeit und Freude, und gerade in diesen Phasen empfinde ich die Nähe meiner Familie besonders stark. Trauer und Schwere als Band zu den Toten, Leichtigkeit hingegen als Verrat – nein, dieses Konzept halte ich tatsächlich für ein Missverständnis. Wir brauchen die Tränen nicht als Trumpf, um zu zeigen, wie sehr wir lieben. Und wir müssen keine Angst vor dem Lachen und der Lebendigkeit haben. Wenn wir ausgelassen und froh sind, nimmt uns das gar nichts von der Liebe unserer Toten weg. Das weiß ich sicher, aus Erfahrung.

Und doch haben wir auch das Recht zu trauern und zu Boden zu gehen. Ich habe einmal mit einer Frau gesprochen, die von ihrem Pfarrer als schlechte Christin bezeichnet wurde, weil sie um ihre gestorbene Tochter weinte. »Sie ist doch bei Gott. Warum weinen Sie? Offenbar glauben Sie nicht gut genug.«

Nein, so kann es nicht gehen. Das sagt der gesunde Menschenverstand, das sagt das Herz, das sagt das Mitgefühl, sofern es nicht unter Dogmen oder unverrückbaren Glaubenssätzen begraben ist.

Es tut gut, wenn wir an die Freude denken, die im Himmel herrscht, und uns erlauben, sie auch auf Erden zu suchen. Doch auch das Fallen gehört dazu. Gerade in ihm liegt eine wichtige Quelle der Kraft. Als Menschen sind wir der Schwerkraft des Lebens ausgesetzt, und es gehört zu unserer Spezialität, mit ihr umzugehen und uns von unten her aufzurichten. Immer wieder, seit dem Tag unserer Geburt. Am Beginn unseres Lebens haben wir fast ein ganzes Jahr liegend am Boden verbracht, ehe wir zum ersten Mal aufgestanden sind. Ein Jahr lang haben wir geübt, uns abzudrücken, uns tragen zu lassen, den Widerstand des Bodens zu nutzen, um uns aufzurichten.

Nun sind wir noch einmal am Boden angekommen. Wir kennen die Kraft, die aus dem Boden erwächst. Wir spüren auch die Unterstützung unserer lieben Toten, die uns die Daumen halten und in Liebe unseren Weg begleiten, in schweren und lebendigen Zeiten.

Wir sind aufgespannt zwischen der Leichtigkeit des Himmels, die wir ahnen, und der Schwere, die uns zeigt, wo der Boden ist. Manchmal glauben wir, unter dieser Spannung zu zerreißen. Doch wir lernen. Langsam versöhnen wir uns mit beiden Polen und spielen sie nicht mehr gegeneinander aus. So kann es uns gelingen, aufzustehen und zu wachsen – fast bis in den Himmel hinein. Wir sind gut beschützt, von beiden Seiten. Und eines Tages werden auch wir auferstehen.

Nach Hause

Ja, du wirst fallen,
denn es wird nötig sein.
War doch immer schon
dein Weg.
Hinab, Richtung Erde
sinken
und erkennen:
Sie trägt.

Du fällst
ja nur nach Hause.
Nur zu dir.
Wer dich erwartet?
Sieh dich um.
Der Schlüssel sperrt leicht
in der Tür.

Jemand hat Ordnung gemacht,
vielleicht die Zeit.

Auf Reisen kann man fast vergessen,
wie weit es ist,
dort, wo man wohnt.
Du fällst.

Und alles fällt mit dir
in die schaukelnde
Schale des Regenbogens.

Angekommen
in der leeren Hand.
Hast alles abgelegt,
sogar dich selbst.

Und fällst,
und fällst
ja
gar nicht weit.

Wie soll ich das aushalten?

Ich habe in meinem Leben schon viele, sehr viele Aufgaben gelöst. Hunderte wohl, an jedem Tag. Die meisten, vor allem die alltäglichen, gehen mir leicht von der Hand. Andere, schwierigere, packe ich mit großem Eifer an – ich liebe es, zu tüfteln, zu grübeln, mich zu informieren, und ich mag auch anstrengende Arbeiten, die mich körperlich fordern. Als Kind nannte mich mein Vater immer »Helferlein«, wenn er eine Aufgabe für mich hatte. Sobald er mich rief, kam ich strahlend angerannt, bereit, den Staubsauger zu halten, Werkzeug herbeizuschleppen oder die Stifte in seinem Büroschrank zu ordnen. Es war schön, eine Aufgabe zu haben. Ich erfüllte sie mit der vollen Inbrust eines Kindes, das sich wichtig und kompetent fühlt. Diese Freude hält bis heute an.

Ach. Wären die Aufgaben der Trauer nur auch so einfach gestrickt! Doch leider: Die Rätsel, vor die sie uns stellt, sind schwer. Schwerer als alles, was das Leben normalerweise von uns verlangt. Wie oft habe ich mir einen Mentor, einen Vater gewünscht, der mir sagt, was zu tun ist. Oder wenigstens einen kleinen Hinweis darauf gibt, wie und wo ich anfangen soll.

Vor Kurzem habe ich eine Anekdote aus dem Wiener Burgtheater gehört. Eine berühmte Schauspielerin hatte einmal eine schwierige Rolle zu spielen, über die sie sich viele Gedanken machte. Sie versuchte gewissenhaft, die Psychologie der Figur zu ergründen und zu verstehen, warum sie dies und jenes tat. »Es ist schrecklich!«, seufzte die Schauspielerin einmal auf einer Probe. »Ich habe wirklich keine Ahnung, wie ich jetzt von diesem Sofa hinüber zum Fenster kommen soll.«

»Zu Fuß, gnä' Frau. Zu Fuß«, die lakonische Antwort des Regisseurs. Oft sind die Dinge einfacher, als man denkt. Und manchmal sind sie besonders einfach, wenn man für eine Weile mit dem Denken aufhört.

Einfach. Zu Fuß. So habe ich viele Probleme meines Lebens gelöst. Ich habe probiert, habe einfach angefangen, ohne mir lange Gedanken zu machen. Sogar in der Trauer hat sich diese Strategie oft bewährt. Wie komme ich morgens aus dem Bett? Indem ich einfach einmal aufstehe und sehe, was kommt. Wie schaffe ich es, die vielen Formulare auszufüllen? Indem ich einen Stift nehme und zu schreiben beginne. Wie kann es mir gelingen, mir wieder etwas zu kochen? Indem ich einen Topf nehme und Reis aufsetze. Ich finde diese pragmatischen Lösungen gar nicht schlecht, vor allem da, wo man kaum mehr weiterweiß.

In einem Ratgeber (»Die 4-Stunden-Woche« von Timothy Ferris) habe ich einmal einen simplen Tipp gelesen, der mir – und vor allem meinem Haushalt – schon oft das Leben gerettet hat. Er hilft bei allen Aufgaben, vor denen man sich drücken will. Ferris schlägt vor, man möge sich einen Küchenwecker auf fünf Minuten stellen und dann das tun, wovor man sich gerade am meisten drückt. Ich staune immer noch, was in fünf Minuten alles gelingt. Mittlerweile weiß ich, dass ich nur dreieinhalb Minuten brauche, um meinen Geschirrspüler auszuräumen. Wäsche aufhängen dauert vier Minuten. Höchstens. Sogar meine Steuerformulare und unangenehme Mails bekomme ich mit diesem Tipp ganz gut in den Griff.

Und doch gibt es Aufgaben, bei denen mein Küchenwecker versagt und auch meine Füße nicht wissen, was sie tun sollen. Eine dieser Aufgaben steht in jedem Trauerratgeber, als Aufgabe der Trauer, als eine der Trauerphasen, als wichtige Ressource im Umgang mit dem Tod: *den Trauerschmerz erfahren.* Das ist eine der vier Traueraufgaben, die der Psychologe William Worden in seinem Buch »Beratung und Therapie in Trauerfällen« nennt. »Gefühle zulassen«, das halten auch andere Autoren, die über Trauer schreiben, für eine zentrale Schlüsselaufgabe. Ich bin eine willige Schülerin. Und doch: An dieser Aufgabe bin ich lange Zeit gescheitert. Ich hatte einfach keine Idee, wie ich sie anpacken sollte.

Anfangs hatte ich mit dem Fühlen noch kein Problem. Nach der ersten Phase, die ich in schwerelosen Wunderwelten verbrachte, zu denen der Schmerz keinen Zutritt hatte, brach er bald umso heftiger über mich herein. Er kam über mich, er riss mich mit sich fort. Ich hatte keine Zeit, mir darüber Gedanken zu machen, ob ich ihn aushielt oder nicht. Ich schwamm mit dem Strom – ich schluchzte, zitterte, schrie, ich biss in mein Kissen oder in meine Fingerknöchel und hielt irgendwie durch, bis die Krämpfe zur Ruhe kamen. Es waren Schmerzwehen, die ich durchlebte, heftiger als alles, was ich jemals erlebt hatte, meistens durch scheinbar unbedeutende Kleinigkeiten ausgelöst. Ein Liebesfilm im Fernsehen, Reinhard Mey im Radio, ein einsamer Legobaustein unter dem Küchenschrank, das lieb gemeinte Wort einer Freundin. Auslöser ohne Zahl.

Es hatte keinen Sinn, mich zu wehren. Rasch gewöhnten wir uns aneinander, der Schmerz und ich. Vielleicht half es mir, dass ich zwei Kinder geboren hatte. Ich kannte die Dynamik der Wehen, und ich wusste aus Erfahrung, dass auch der schlimmste Schmerz Pausen einlegt, weil der Körper einfach nicht mehr kann. Irgendwo hatte ich gehört, dass man in Ohnmacht fällt, wenn Schmerzen die Grenze des Erträglichen überschreiten. Das nahm mir die letzte Angst. Ich vertraute auf meinen Körper und gab mich hin. Ich litt, aber ich sagte mir, ich würde auch das überleben.

»Wie soll ich das aushalten?«, das fragte ich mich anfangs nicht. Mein eigener Leib bewies mir täglich, dass ich es konnte. Als die Monate vergingen, wurden die Schmerzattacken seltener. Vielleicht war mein Körper erschöpft. Wahrscheinlich aber hatte ich einfach zu viel zu tun. Ich war damit beschäftigt, mir ein neues Leben aufzubauen. Ich zog um, wechselte die Arbeitsstelle, und ich gewöhnte mich an einen neuen Tagesrhythmus, dessen Hauptagenden nicht mehr aus Wundenlecken, Schlafen und Tagebuchschreiben, sondern vor allem wieder aus Einkaufen, Arbeiten, Essen und dem vielfältigen Kleinkram, der zu einem normalen Leben gehört, bestanden.

Außerdem … war ich verliebt. Mein Herz loderte neuerdings nicht vor Schmerz, sondern in neuem Glück. Nachts träumte ich von meiner Familie, Heli und die Kinder strahlten mich an und umarmten mich und meinen neuen Partner auf einer weißen Wolke. Alles schien gut, neue Zeiten waren angebrochen. War der Schmerz für immer durchgestanden? Waren die Wehen der Trauer zu Ende? Zu gern wollte ich daran glauben. Manchmal, in stillen Stunden jedoch, spürte ich ein leises scharfes Rumoren in meinem Bauch. Ich achtete lieber nicht darauf. Ich redete mir ein, das sei ein Restschmerz, wie der Nachhall einer Magenverstimmung. Der Himmel hatte mir eine neue Liebe geschickt, meine Familie feuerte mich bei meinem neuen Leben an. Ich fand, ich hatte genug gelitten. Das leise Brennen würde sich bestimmt bald verziehen.

Es war die Zeit um Allerseelen, etwa acht Monate nach meinem Schicksalstag, als ich begriff, dass das Leben ein wenig komplizierter ist als ein Hollywoodfilm mit Happy End. Ich war leer. Müde, erschöpft. Ich fühlte nichts. Keine Schmerzen mehr, aber auch keine Freude, keinen Funken Lebendigkeit. Und anders als am seifenblasenbehüteten Anfang meiner Trauerzeit fehlte nun die wärmende Sonne in meinem Herzen. Ich fühlte mich betäubt, gebeugt unter der tonnenschweren Last eines Schicksals, das nicht abzuschütteln war. Immer wieder versuchte ich zu weinen, aber es wollte nicht gelingen. Fast sehnte ich mich nun nach den Entladungen der ersten Zeit.

Ich hatte gelernt, wieder zu funktionieren, und hielt mich tapfer aufrecht. Doch das scharfe Brennen in meinem Bauch wurde stärker. Langsam hatte ich das Gefühl, dass da ein wildes Monster saß, das drohte, mich zu fressen, wenn ich nicht aufpasste. Ich merkte, dass ich es gewaltsam einsperrte, und ahnte, dass das Monster im Gefängnis seine Krallen wetzte.

Pures Gift. Ein richtiger Giftcocktail. Es gibt Psychologen, die drastische Worte verwenden, um diesen Zustand der Selbstbetäubung zu beschreiben. Wenn wir uns gegen unbequeme Gefühle sträuben und sie hinunterschlucken, werden chemische Reaktionen in unserem Gehirn in Gang gesetzt. Unser Körper muss starke Drogen produzieren, um den Schmerz, die Wut und die Tränen zu unterdrücken. Diese Drogen haben auf Dauer heftige Nebenwirkungen. Sie schwächen unser Immunsystem, bringen unsere Muskeln dazu, sich chronisch zu verspannen, und wirken sogar auf unser Denken ein. Das Monster im Bauch spuckt Gift und Galle. Wie können wir es nur befreien?

In einem Seminar erfuhr ich einmal, wie man in Griechenland mit seelischen Schmerzen umgeht. Dort gibt es ein eigenes Ritual, in dem Trauernde ihre Klagen ausdrücken und den Schmerz befreien, ehe er sich festsetzen und den Körper vergiften kann. Myrolói, so heißen die uralten Klagerituale, die heute noch auf den Peloponnes gepflegt werden. Schreien, singen, schluchzen, das alles bekommt seinen Raum. Regelmäßig wird da getrommelt und mit lauter Stimme geklagt. Ein Chor von Klageweibern singt mit, wiederholt, gibt Bestätigung. Call and response, der Schmerz findet sein Echo. Der Trauernde darf sich geborgen fühlen, in der Gruppe, in der Musik. Ich wünschte, es gäbe auch in unserer Kultur ein solches Ritual, eine Klagemauer oder irgendeinen anderen Ort, an dem man mit seinen Schmerzen nicht allein ist, sondern auch in seinen unangenehmen Gefühlen stärkende Solidarität erfahren kann.

Ich glaube, manche Trauergruppen bieten die Möglichkeit für einen rituellen, gut eingebetteten Ausdruck von Gefühlen. Ich habe viel Gutes über solche Gruppen gehört. Selbst habe ich mir diese Möglichkeit leider versagt. Ich wollte nach dem Tod meiner Familie weder die Gruppe trauernder Eltern besuchen (im Programm stand, dass Ehepaare herzlich willkommen seien) noch in die Witwengruppe gehen (ich hatte Angst, dass man dort zu viel von den Kindern sprechen würde, die einem geblieben waren). So weit der offizielle Grund. Ich muss aber gestehen: Ich hatte vor allem Vorurteile. »Trauergruppe«, das klang für mich nach einem Treffen, bei dem man Kerzen anzündete, über Fotos weinte und ansonsten ziemlich still sein musste. Langweilig, blutleer und irgendwie verkrampft.

Mittlerweile habe ich viele wunderbare Trauerbegleiterinnen kennengelernt. Ich durfte sogar einmal als Gast das Treffen einer fixen Gruppe besuchen. Es war ein Abend kurz vor Silvester. Man backte Lebkuchen mit viel buntem Zuckerguss. Es wurde gearbeitet, erzählt, genascht, viel gelacht. Die Stimmung war munter, fast wie in den Backstuben, die ich als Kind auf dem Weihnachtsmarkt besuchte. Hier und da floss auch eine Träne. Das erregte kein besonderes Aufsehen. Es war normal, so normal wie die Prise Salz, die in jeden Teig gehört. Auf die runden Plätzchen kleksten wir Gesichter, die die verschiedenen Emotionen unserer bisherigen Trauerzeit widerspiegeln sollten. Zornig, fragend, traurig, gleichgültig, halb lachend und gleichzeitig halb weinend, all diese Gefühle waren zu sehen. Ja, sogar ein verschnupftes Zuckergussbild gab es dabei. Trauer schwächt das Immunsystem, und so können Infekte oder Allergien überhand nehmen, bestätigte die Trauergruppenleiterin. Bei einer Tasse Tee verspeisten wir schließlich die Kekse und tauschten uns über die dargestellten Stimmungen aus. Als die Trauergruppenstunde vorbei war, fühlte ich mich lebendig, glücklich, ich glaube sogar, meine Wangen waren ganz rot.

Trauergruppe, das bedeutet nicht: einfach nur fröhlich Kekse backen. Oder gemeinsam weinend in der Runde sitzen und problemorientiert diskutieren. Vielerorts gibt es unterschiedliche Trauergruppen, die von qualifizierten Trauerbegleiterinnen geleitet werden. Sie sind darin ausgebildet,

Menschen mit ähnlichen Erlebnissen miteinander in Austausch zu bringen. Dabei achten sie darauf, dass das Erzählen über Vergangenes im richtigen Maß Platz bekommt. Sie wissen, dass man während der eigenen Trauer nicht in zu hoher Dosis das Leid anderer ertragen kann. Ebenfalls ist es eine große Anstrengung für Trauernde, immer wieder ihre Trauergeschichte zu erzählen. Auf Dauer wird das Stillstand oder Kraftlosigkeit mit sich bringen, wenn man zu sehr in der vergangenen Traurigkeit verharrt.

Ebenso wichtig wie der Blick auf die Vergangenheit ist die jetzige Situation mit den akuten Trauermomenten, der Vielfalt der Gefühle, den Veränderungen, die mit einem geschehen, Veränderungen im familiären Kreis, dem sozialen Umfeld, im Selbstbild und in neuen Rollen. Daneben geht es auch darum, wo und wie man den Verstorbenen spürt, wo man ihn gern spüren würde, wo ein guter Platz für ihn sein könnte. Der spirituelle Bereich bleibt nicht ausgespart, doch auch in Trauergruppen, die von kirchlichen Institutionen getragen sind, ist es selbstverständlich, dass gerade die Trauerzeit eine Phase der religiösen Zweifel, vielleicht sogar der Abkehr vom Glauben sein kann.

Kernfragen, die immer wieder im Vordergrund stehen, lauten: Wer oder was tut mir gut? Was stärkt mich? Wer oder was hat mich das Ganze überleben lassen? Und wer oder was raubt mir meine Energie? Wie möchte ich meine Zukunft gestalten? In den Trauergruppen erleben Menschen, dass sie in ihrer Situation nicht alleinstehen und dass sie nicht komisch sind, sondern nur auf einmal im Leben ver-rückt wurden. Verrückt, verschoben. Nicht bekloppt. Sie üben, ihre Gefühle auf vielfältige Weise auszudrücken (malen, schreiben, bewegen, spielen …). Sie lernen, dem manchmal Unfassbaren eine Sprache zu geben. Sie erleben soziale Kontakte, die oftmals über die Gruppenarbeit hinausgehen. Sie haben trotz Traurigkeit auch Spaß miteinander. Das eine schließt das andere nicht aus.

Man darf froh sein, wenn man einen Platz gefunden hat, an dem man sein darf, wie man ist, und an dem auch die unbequemen Gefühle willkommen sind. »Den Trauerschmerz erfahren«, das ist eine schwierige Aufgabe, in der aber auch eine große Chance liegt. Wir können in der Trauer lernen, schmerzhafte Gefühle nicht zu vermeiden, sondern ihnen ins Gesicht zu sehen, sie als Farben des Lebens, als Töne in der Symphonie unserer Gefühle zu akzeptieren. Eine lästige Pflicht? Nein, ich denke, das ist nicht fair. Der Schmerz kann mehr. Er ist kräftig, lebendig, er teilt sich mit lauter Stimme mit, wenn ihm etwas nicht passt. Im Grunde können wir ihn gut für unser Leben gebrauchen.

Im Schmerz der Trauer liegt eine große Chance. Er bringt uns wieder in Kontakt mit Gefühlen, die wir lange nicht mehr zugelassen haben. Er ist mächtig, denn es ist viel, was er befreien muss. Wir haben in unserem Leben viele Schmerzen weggesperrt. Das Monster in unserem Bauch will uns helfen, indem es – endlich – die Tresortüren sprengt. *Komm und fühle*, ruft es uns zu. *Ich helfe dir, wieder lebendig zu werden. Hab keine Angst.*

Es gab eine Zeit, da war es ganz normal, zu brüllen und zu strampeln, wenn wir Schmerzen hatten. Vermutlich würde kein Baby überleben, hätte es diese Regulation nicht zur Verfügung. Für kleine Menschenwesen ist es überlebenswichtig, Schmerzen auszudrücken, ihnen Kraft und Stimme zu verleihen. Dazu brauchen sie allerdings Geborgenheit und die starken Arme eines liebenden Menschen, der sie hält. Ein Baby, das allein schreien muss, zieht sich irgendwann in sich zurück, es wird apathisch und gibt sich auf.

Auch wir werden leer, wenn unser Schmerz kein Echo findet. Anfangs noch kräftig und gesund, verliert er bald an Mut. Wo ist die Mutter, die uns hält? Wo sind die Arme, in denen wir geborgen sind, wenn wir schreien und schluchzen? Viele von uns finden ihr Gegenüber in einer Therapie. Auch ich habe meine Therapiestunden oft genutzt, um meinem Schmerz Raum zu schenken. Ich habe ihn mit schwarzer Ölkreide auf Papier gefetzt, ich habe auf Kissen getrommelt und sicher über hundert Taschentücher durchnässt. Der Weg, der durch die Schmerzen führt, ist lohnend, aber manchmal ziemlich schwer. Er kommt leicht ins Stocken. Wir sollten nicht den Anspruch haben, ihn ganz allein zu gehen. Und doch wird jeder Therapeut, jeder Begleiter darauf achten, wie er uns möglichst bald in die Lage bringen kann, unsere Gefühle auch selbst zu regulieren. Irgendwann werden wir anfangen, uns selbst Mutter oder Vater zu sein, uns selbst Halt zu geben, wenn der Schmerz nach Ausdruck sucht.

Unser Gehirn ist bestens dafür gebaut. Es ist in der Lage, gleichzeitig zu fühlen und auf uns aufzupassen. Es verfügt über verschiedene Schaltzentralen, die zwar miteinander verbunden sind, aber doch unabhängig voneinander funktionieren. Wir können uns selbst beim Fühlen zusehen. Wir können uns tatsächlich selbst begleiten, sogar wenn wir gerade hilflos sind. Diese Erfahrung – man könnte sie »Schmerzkompetenz« nennen – gehört zu den Ressourcen, die wir aus Trauerzeiten mitnehmen und die uns auch im Leben danach als wertvolle Kraftquellen zur Verfügung stehen.

Mein homöopathischer Arzt hat mir einmal eine Übung gezeigt, bei der man einen aktiven, selbstbestimmten Umgang mit negativen Gefühlen üben kann. Er nennt sie *kontrollierte Entladung*.

Bevor wir loslegten, erklärte er mir, wozu sie dient: »Wir sprechen oft vom Abreagieren. Es kann tatsächlich manchmal befreiend sein, einfach in ein Kissen zu boxen, zu brüllen oder hemmungslos zu weinen. Doch wirkliche Verarbeitung und Lösung findet bei solchen Explosionen kaum statt. Es ist nur unser Stammhirn, das dabei agiert. Es handelt effizient und reflexartig, aber lernfähig ist es nicht. Wenn wir lernen und den Schmerz verändern wollen, müssen wir unser Großhirn mit einbeziehen.«

Mein Arzt forderte mich also auf, mich gemütlich hinzusetzen und auf meinen Körper zu hören. »Spüren Sie Ihren Schmerz. Wo ist er? Wie fühlt er sich an? Lassen Sie sich Zeit. Und achten Sie darauf, ob sich irgendwann ein Impuls meldet, der Sie in Bewegung bringt.«

Ich wartete und merkte, dass ich immer schwerer wurde. Mein Bauch begann zu brennen, es schien mir, als wolle er sich zusammenkrümmen. Ich sagte, ich würde gern zu Boden gehen. Mein Homöopath ermutigte mich, dieser Bewegung zu folgen. Jedoch sollte ich sie in Zeitlupe ausführen – und dafür meine ganze Muskelkraft verwenden. »Ihr Großhirn muss mitbekommen, was da geschieht. Ganz langsam. Bewegen Sie sich weiter. Was immer sich auch meldet, lassen Sie es zu. Nicht zu schnell!«

Ich ging zu Boden und blieb dann eine Weile liegen, eingerollt wie ein Embryo, zuerst noch angespannt. Langsam, wie meine Bewegungen, veränderte sich der Schmerz. Er wurde warm und begann zu kribbeln, mein Bauch entspannte sich nach und nach. Meine Hände berührten den

Boden und drückten sich ab. Kraftvoll, im Zeitlupentempo, richtete ich mich wieder auf.

»Fertig?«

Nein, ich war noch nicht am Ende. Konzentriert sah ich meinen Händen dabei zu, wie sie in Zeitlupe zu boxen begannen. Ich war erstaunt, wie groß die Kraft war, die den unsichtbaren Feind vor meiner Nase erschlagen wollte. Vielleicht war es auch ein Zug, den ich da zur Seite schob. Vermutlich wollte sich da eine übermenschliche Kraft befreien, die Kraft einer Löwin – oder die Kraft einer Mutter, die sogar eine Lokomotive aufgehalten hätte, wäre sie nur da gewesen, kurz bevor der Zug ins Auto fuhr. Ich schwitzte. Es war anstrengend, doch ich fühlte ich mich kräftig und gut. Das Beste: Ich hatte alles unter Kontrolle, sogar den Schmerz. Jede Welle, die ich spürte, setzte ich sofort in Bewegung um. Endlich gab es eine Möglichkeit, mit meinem Schmerzmonster zu kommunizieren!

Bis heute führe ich diese Übung oft aus, sie gehört zu meinem Erste-Hilfe-Repertoire. Sie hilft bei seelischem Schmerz, aber nicht nur da. Besonders hilfreich erlebe ich sie, wenn ich wütend bin. Wut und Schmerz – diese beiden Gefühle haben mehr miteinander zu tun, als man denken mag. Unser Körper kombiniert sie gern – oft, ohne dass wir es bemerken.

Inzwischen habe ich begriffen, dass ich nicht gegen meine Schmerzen ankämpfen muss. Im Gegenteil: Wir kämpfen zusammen – ich, mein Schmerz und auch meine Wut. Wir kämpfen gegen unsichtbare Lokomotiven, gegen reale und unsichtbare Gefahren, gegen alles, was uns wehtut oder uns bedroht. Vor allem aber kämpfen wir *für* alles, was uns wichtig ist. Wenn wir nicht gerade unkontrolliert toben, können wir ziemlich machtvoll sein. Immer wieder muss ich mich darauf besinnen, wie groß die Kraft ist, die da in mir und meinem Monster steckt. Ich entdecke sie nicht nur bei mir, sondern auch bei vielen anderen Trauernden. Ich weiß nicht, ob sie alle wissen, wie kräftig sie sind.

Schmerzen machen uns hilflos. Da, wo der Tod in unser Leben eingreift, fühlen wir uns – zunächst ganz zu Recht – als schwache, fast kindliche Opfer. Wir suchen Trost und Berührung, Zuwendung und Schutz, und wir bekommen das alles, weil man mit uns fühlt. Wenn sich der Schmerz schließlich zu wandeln beginnt, wenn er kräftiger wird und sich mit Wut und Angriffslust vermischt, stoßen wir manchmal auf Unverständnis. Doch wir dürfen vertrauen: Wir sind auf einem guten Weg. Unser Körper beginnt, für uns zu kämpfen. Er schreit, er ballt die Fäuste, er will die unsichtbaren Feinde vertreiben. Das alles ist ein Ausdruck gesunder Lebenskraft, die wir begrüßen und nutzen können.

Im Tierreich ist diese kräftige, aggressive Seite der Trauer weitverbreitet. Viele Tiere, die in Paarbindungen leben, werden sehr aktiv, wenn ihr Partner verschwunden ist. Sie vertreiben die Artgenossen und wenden ihre ganze Kraft nur dazu auf, zu schreien, zu suchen und das Revier zu verteidigen. Biologisch macht das Sinn. Tiere haben keinen Begriff vom Tod. Sie gehen davon aus, dass der Partner noch irgendwo ist. Sie wollen für ihn kämpfen, sie wollen ihn finden. Und sie setzen sich dafür ein, mit aller Kraft, die sie aufbieten können. Das Monster in unserem Bauch ist eng mit diesen Tieren verwandt. Wir können die autonomen Reaktionen nicht abschalten, es hat keinen Sinn, sie zu bekämpfen. Wir tun besser daran, sie zu verstehen und sorgfältig mit ihnen umzugehen.

Unsere Schmerzen können laut und mächtig sein. Kein Wunder, dass wir manchmal Angst haben, alle zu vertreiben, die gerade noch lieb zu uns waren. Es ist viel leichter, kraftlos zu weinen als liebe Freunde mit der – teilweise aggressiven – Wucht unseres Leids zu konfrontieren. Wir brauchen sehr ausgesuchte Begleiter, denen wir uns zumuten können, wenn der Schmerz an Kraft gewinnt.

Es ist verständlich, dass wir uns lieber tot stellen und die Kraft in unserem Bauch negieren. Das Monster spielt eine Weile geduldig mit. Irgendwann aber bahnt es sich seinen Weg. Dann kann es passieren, dass wir aus Versehen die Falschen attackieren. Auch das gehört offenbar dazu. Schließlich sind wir Anfänger, blutig, mit verletztem Herzen. Es braucht Übung, es braucht Erfahrung, um das wilde Tier in uns zu zähmen. Können wir lernen, es zu streicheln, es zu beruhigen, ehe es außer Kontrolle gerät?

Ich erinnere mich an einen Streit mit einer Freundin, bei dem leider einiges entglitt. Meine Freundin hatte mir eine Mail geschickt, in der sie sich mir anvertraute. Sie schrieb, dass auch sie sehr um meinen Mann trauerte und ihn vermisste. Sie versuchte mir zu sagen, dass ich nicht die Einzige war, die Zuwendung brauchte, und dass sie mir momentan nicht mehr helfen konnte, weil sie selbst bedürftig war. Sie, die mir in der ersten Zeit meiner Trauer sehr nahe gewesen war, wollte sich nun zurückziehen, um ihren Freund zu betrauern. Vermutlich um sich zu rechtfertigen, zählte sie alles auf, was sie bisher – und auch früher, als meine Familie noch lebte – für mich getan hatte. Ich las das wie einen Schuldenkatalog. Ich war entsetzt. Ich fühlte mich im Stich gelassen und angegriffen zugleich.

Schnell tippte ich eine Antwort, und ohne zu überlegen schickte ich sie ab. Die Antwort meiner Freundin kam postwendend, und damit ging es erst richtig los. Gekonnt, in geschliffenen Sätzen, bewarfen wir einander mit Beschuldigungen, Pauschalurteilen und hobbypsychologischen Besserwissereien. *Du hast doch immer schon – Du denkst ja nur an dich – Schau selbst, warum dich das so aufregt – Die anderen sagen auch, dass – Glaubst du, ich hör mir das noch länger an? Aber eines sag ich dir noch ... – So, jetzt reicht es wirklich. Leb wohl.*

Nachdem ich gerade die fünfte Mail innerhalb einer Stunde aufgesetzt hatte und eben dabei war, auf »senden« zu drücken, hielt ich inne. Mein Finger wollte keine Sekunde verlieren und mit einem Klick die nächste Nachricht unverzüglich durchs Netz schießen. Doch langsam kam ich zur Besinnung. *Was mache ich da eigentlich? Und warum?* Ich stand auf, verließ für einen Moment den Schreibtisch. Obwohl ich immer noch außer mir war, versuchte ich, durchzuatmen und Kontakt mit meinem Körper aufzunehmen. Was er mir sagte, war alles andere als angenehm. Da war Verletzung, da war Wut, ja, aber darunter, gleich unter der hart zementierten Oberfläche ... tat es einfach nur unglaublich weh. *Du kannst nichts machen. Deine Freundin will dich einfach nicht verstehen, ja, sie will jetzt jeden Kontakt mit dir unterbrechen. Sie fühlt sich ebenso ungerecht behandelt wie du. Und im Moment gibt es nichts, was du dagegen tun kannst.*

Es war schrecklich, mir das einzugestehen. Noch schrecklicher war es, zu erkennen, dass ich all diese Mails bloß geschrieben hatte, um die Scham und die Trauer über unsere unlösbaren Konflikte abzublocken. Indem ich an Worten feilte und scharfe Sätze schliff, hatte ich mich von meinen

Schmerzen abgelenkt. Ich wollte recht bekommen, um jeden Preis, und nahm die Eskalation in Kauf. Und das alles nur, um mir den Schmerz der Trauer nicht einzugestehen! Die Stimme der Vernunft sagte mir: Wenn ich verhindern wollte, dass meine Freundin und ich noch mehr Scherben produzierten, musste ich beginnen, den Schmerz an mich heranzulassen. Etwas in mir wehrte sich heftig gegen diesen Gedanken.

Ich schnappte meine Jacke und ging nach draußen. Im Gehen beruhigten sich meine Gedanken. Während ich spazierte, begann ich mir selbst gut zuzureden. »*Du bist also noch nicht bereit, den Schmerz an dich heranzulassen. Du willst ihn nicht fühlen. Was könnten wir tun? Vielleicht wollen wir versuchen, ihn – nur fürs Erste – ein bisschen zu … spülen?*«

Seltsam. Kaum hatte ich dieses Wort, spülen, in Gedanken formuliert, begannen meine Tränen zu fließen. Der Wasserhahn war endlich aufgedreht. Ich »spülte« meine Trauer, die Scham, ich spülte das Brennen in meinem Bauch, ich spülte die Wut und auch den Schmerz. Irgendwann ging ich zurück nach Hause. Ich löschte die letzte Mail, ohne sie abzuschicken und ohne sie noch einmal zu lesen. Es war besser so. Besser, weiter zu weinen und die spitzen Pfeile wegzuschmeißen.

»Gott, richte du.« Auf einmal erinnerte ich mich an den Rat, den mir ein befreundeter Religionslehrer einmal gegeben hatte. Auch damals, vor vielen Jahren, fühlte ich mich in einem unlösbaren Konflikt gefangen, der sich nicht durch wütende Worte lösen ließ. »Ich bete in solchen Fällen zu Gott«, sagte mein Freund. »Gott soll es richten. Wieder in Ordnung bringen.«

Wir müssen nicht immer alles selbst tun, schon gar nicht, wenn wir gerade zu aufgewühlt sind, um klar zu denken. Oft hilft die Zeit. Wir dürfen inzwischen weiter atmen, weiter fühlen, weiter spülen, so lange, bis alles, was den Frieden verhindert, ausgewaschen ist. »Man darf auch mal etwas an die Erde delegieren«, so formulierte es eine Atemtherapeutin, bei der ich eine Zeit lang Stunden nahm. Auch diese Vorstellung mag ich gern. Denn wenn ich Schmerzen habe, fällt es mir nicht immer leicht, mich an Gott zu wenden. Als Kind habe ich ja gelernt, dass er oben im Himmel wohnt. Für mein grollendes, schmollendes, wütendes Trauertier, dessen Blick stets nach unten geht, ist der Himmel ein allzu weit entfernter Ort. Wie kann ich einem solchen Monster nur erklären, dass Gott überall zu finden ist, dass er uns durchdringt und auch von unten trägt? Das ist ihm viel zu fortgeschritten. Mein Monster ist wild, bockig und ganz sicher nicht erwachsen. *Gott ist im Himmel, und das ist zu weit weg. Basta.* Für solche Fälle kommt mir das Bild der tragenden Erde gerade recht.

Spülen. An die Erde delegieren. Gott möge es in Ordnung bringen. Diese Worte helfen mir bis heute, die Wellen meiner Gefühle in die richtigen Bahnen zu lenken und den Schmerz zu befreien, der sich gern hinter langen, scharfen Sätzen des Angriffs verschanzt. Die Körperpsychotherapie nennt solche hilfreichen Sätze »Sonden« oder »Mantras«. Manche von ihnen haben sich für viele Menschen bewährt, andere finden wir für uns selbst heraus, vielleicht funktionieren sie auch nur bei uns. Worte können Wunder wirken, vor allem da, wo sie einfach bleiben und uns sanft auf der Zunge zergehen. Schnelle, scharfe Sätze hingegen werden leicht gefährlich. Wie leicht täuschen wir uns selbst, indem wir uns hinter geschliffenen Phrasen verstecken.

Um diejenigen, die uns in unserer Hilflosigkeit gegen-
überstehen, nicht zu verprellen, müssen wir lernen, Au-
thentizität von Angriffslust zu unterscheiden. Das Schmerzmonster ist sehr eloquent, wenn es einmal in Rage gerät.
Selbstmitleid, Wut, Gegenangriff, hier fühlt sich das wilde
Tier, das in uns wohnt, zu Hause. Was können wir ihm
entgegenhalten? Ich glaube, es ist vor allem die Stille. Der
Verzicht auf die harten, spitzen oder endlos vor sich hin
gejammerten Wortgirlanden. Haben wir den Mut, zu warten, zu spüren, was sich hinter den vielen, schnellen Sätzen
tatsächlich verbirgt?

Die Sprache, die mein Monster zähmt, ist nicht besonders kompliziert. Kurze Sätze, konkrete Worte, unter denen
ich mir leicht etwas vorstellen kann. Klare Bilder, die sofort
wirken. Ich glaube, es ist möglich, die Sprache, die unser
Schmerz versteht, zu üben und ihr Vokabular zu erweitern,
das Prinzip, die Grammatik zu verstehen. Diese Sprache
der Unmittelbarkeit kann uns schließlich sogar dabei helfen, den Schmerz zu verwandeln.

Ich erinnere mich an eine Situation im vergangenen Früh-
jahr. Ich saß im Auto, mitten im Innenstadtverkehr. Die
Sonne schien. Es war einer jener Tage, an denen die Welt
mit guter Laune überzuckert war und hellgelb glänzte wie
eine Zitronentorte aus der Konditorei. Im Radio lief ein
Hit zum Mitsingen, draußen auf dem Gehsteig lachten
Menschen. Ein paar Studenten, eine Mutter mit Kinderwa-
gen. Neben ihr lief ein kleiner Junge mit einer Tüte Eis. Er
hielt sich am Griff des Kinderwagens fest.

Noch jetzt, da ich diese Geschichte erzähle, jagt mir der
Gedanke an diesen Jungen Heftklammern ins Herz. Der
kleine Kerl war weizenblond, genau wie mein Sohn, und er

schaute seine Mama mit einem rührenden Hundeblick an, ein bisschen leidend, ein bisschen bettelnd. Thimos Blick!

»Mama, Mama!«

Ich hörte Thimos Bettelkinderstimme, die mich immer punktgenau am Mutterinstinkt, meiner erklärten Achillesferse, erwischte. Eine feste Umarmung, einmal knuddeln und dann alles tun, was Thimo wollte – das war die einzig logische Reaktion auf diese Stimme.

Aber was, wenn das alles nicht mehr geht!?

Die Ampel sprang auf Grün, jemand hupte. Den kleinen Jungen da draußen konnte ich nicht knuddeln, und selbst wenn ich aus dem Auto springen und ihn umarmen würde, so würde er doch niemals zu mir gehören. Mein Herz fing Feuer. Ich wurde mitten im Nachmittagsverkehr flambiert, aber keiner außer mir bemerkte die Gefahr. Ich musste mir dringend helfen, irgendwie, und dabei hatte ich nicht einmal meine Hände frei. *Rennen* – dieser Impuls fühlte sich passend an, aber ich konnte das Auto nicht einfach hier stehen lassen. Blieb also nur mein Kopf. Ich musste ihn schnell einschalten, solange er noch funktionierte.

In meiner Not fiel mir eine Übung aus dem Atemseminar vom vergangenen Wochenende ein. Sie tauchte auf wie ein einsamer Rettungsring, der einfach so vom Himmel ins Meer fällt, dorthin, wo wir gerade zu kämpfen haben. Wir hatten in diesem Kurs eine einfache Bewegung ausgeführt, das Bein und den Arm gedehnt, und unser Lehrer hatte uns aufgefordert, zu murmeln und möglichst genau in Worte zu fassen, was wir gerade taten. *Ich strecke meine Ferse nach vorn – und da streckt sich auch das Knie – ich merke, wie sich der Wadenmuskel dehnt – ich führe meine Hand zum Fuß – es tut ein bisschen im Rücken weh, ein Ziehen von der rechten Schulter hinunter zum Becken – ich kippe das*

Becken nach hinten – jetzt hört das Ziehen auf – mein Kopf kann sich freier bewegen …

Es ging darum, unseren inneren Zoom immer schärfer einzustellen. Wir übten, unser »Empfindungsvermögen« zu sensibilisieren. Eine Empfindung, so hatten wir gelernt, ist nicht dasselbe wie ein Gefühl. Wenn man im Zustand der Empfindung ist, gebraucht man neutrale Wörter, die weder gut noch schlecht sind. Breit, schmal. Kühl, warm. Groß, klein. Das alles sind keine Gefühlswörter, sondern Wörter der Empfindung. Empfinden, das heißt: wertungsfrei wahrnehmen, was ist. So hält man sich in jedem Augenblick für Veränderungen und Überraschungen offen. Die bewusste Empfindung bietet eine tragfähige Basis.

Wir suchten neutrale Wörter, die beschrieben, was vor sich ging, und blieben im Kontakt zu unserem Körper. Das half uns, präsent und gelassen zu bleiben, bereit für Veränderung. Konnte ich jetzt, in Seenot, am Steuer meines Autos, den Versuch unternehmen, auch den Schmerz und die Sehnsucht nach Thimo zu *empfinden*? Ich versuchte es.

Wo ist mein Schmerz, wo spüre ich ihn am deutlichsten? *Aha, im Herzen, und gerade jetzt, wo ich versuche, ihn einzufangen, wandert er nach unten in mein Sonnengeflecht. Autsch, das tut weh!* Wie weh? Wie fühlt es sich genau an? Es brennt. Es ist heiß. Und sauer, irgendwie. Welche Farbe hat diese Säure? Grüngelb. Nein, jetzt setzt sich das Gelb durch. Ein gelber Schmerz. Eigentlich: ein gelbes Feuer, mitten in meinem Bauch. Hat dieses Feuer klare Umgrenzungen? *Nein, je länger ich mich mit ihm beschäftige, umso größer wird es. Das Brennen dehnt sich in meinen ganzen Körper aus, als Pulsieren, jetzt wirkt es fast lebendig.* Kann ich diese Lebendigkeit in meinem Körper zulassen? Das ist nicht leicht, es fühlt sich an, als ob lauter kleine Blasen platzen würden, in meinen Beinen, in meinen Armen, vor allem in den Leisten. Darf das so geschehen? *Es wird schon besser. Eigentlich habe ich jetzt ein warmes Gefühl.* – Kann ich dabei an Thimo denken, ohne dass es brennt? *Ja, das geht jetzt leichter. Ich spüre jetzt kraftvolle Wärme, die bis in die Zehenspitzen reicht.*

Die Liebe hatte mich erfasst. Sie füllte mich aus, doch sie zog nicht mehr nach drüben, in die ungreifbare Unendlichkeit, sondern sie pulsierte lebendig, in jeder Faser meines Körpers. Die Tränen, die ich weinte, waren heiß und süß. »Can you be the space for it?« Das fragt Eckhart Tolle in einem seiner Vorträge. Ich glaube, an diesem Tag im Auto habe ich erlebt, was er meint. Indem ich der Versuchung widerstand, zu flüchten oder zu verdrängen, indem ich mich der Empfindung stellte und mich allem öffnete, was sich zeigen wollte, war es mir möglich, auch dem Schmerz einen Platz zu schenken. Ich konnte förmlich spüren, wie mein Herz sich dehnte.

Ich möchte noch eine letzte Schmerzgeschichte erzählen. Sie schließt den Kreis, denn sie handelt von einer Erfahrung, in der der Schmerz noch einmal übermächtig wurde. Ich hatte im Lauf der Zeit viel gelernt, ich hatte oft geübt, mich dem Schmerz zu stellen und ihn zu harmonisieren. Und doch gab es da offenbar noch etwas, das ich erfahren sollte.

Weißt du, du musst es nicht immer richtig machen. Du musst keine Heldin sein. Es gibt etwas, das noch stärker ist als du. Entspann dich. Du bist sowieso getragen. Der Schmerz kam persönlich, um mich zu überzeugen.

Ich hatte gerade eine sehr anstrengende Zeit hinter mir. Ich hatte mich bis zur Erschöpfung verausgabt und wieder einmal vergessen, auf meinen Körper zu hören. In den letzten Tagen waren ein paar Dinge schiefgegangen, ich fühlte mich elend und verbittert. Dazu kam nun noch ein dummer Streit zu Hause. Wenn man seelische Wunden in sich trägt, reicht oft ein kleiner Konflikt, um große wilde Tiere zu wecken. Genauso war es jetzt.

Ich wollte ein Bad nehmen und versuchte, mich im warmen Wasser zu beruhigen. Mein armer verkrampfter Bauch begriff sofort: Das war seine Chance. Offenbar hatte er auf die erste freie Minute gewartet, in der ich die Zügel meiner Selbstkontrolle ein wenig lockerte. Schnell nahm das Drama seinen Lauf. Mein Körper verselbstständigte sich. Ich konnte meinen Bauchmuskeln dabei zusehen, wie sie sich zusammenzogen und nicht mehr loslassen wollten. Es brannte, es kochte, bald meinte ich zu ersticken. Mein Körper schien zu implodieren, ich fühlte mich brennend heiß und zugleich schockgefroren, atemlos, erstarrt, ich konnte mich kaum mehr bewegen. So etwas hatte ich noch nie erlebt. Dass ich splitternackt war, machte die Sache noch schlimmer. Nie im Leben habe ich mich hilfloser gefühlt.

Bibbernd kletterte ich aus der Wanne, wickelte mich in meinen Bademantel und schleppte mich zum Sofa. Nein, ich war nicht gelassen. Ich konnte mir nicht von außen zusehen und »die Regler oben halten«, wie es manche Bücher gern empfehlen. Zum ersten Mal seit Langem schwieg die mütterliche Stimme in meinem Kopf, die mir meistens verlässlich Mut zusprach. Ich hatte nur noch einen Wunsch: sterben, hier, jetzt, sofort.

»Lieber Gott, warum nimmst du mich nicht zu dir?«, wimmerte ich anklagend. Ich wurde laut. »Bitte, bitte, nimm mich zu dir. Lieber Gott, ich meine es ernst. Jetzt. Ich will, dass du mich zu dir holst. Bitte!«

Waren es zehn Minuten, die ich so flehte? Oder mehr? Natürlich kam es mir vor wie eine Ewigkeit. Doch irgendwann fielen mir keine neuen Worte mehr ein, und mein verzweifeltes Gebet verlor langsam an Kraft. Still, erschöpft lag ich da. Gott hatte offenbar entschieden, mir meinen Wunsch nicht zu erfüllen. Oder?

Als ich mich langsam entspannte, fühlte ich, dass ich von einem Paar warmer, riesiger Hände getragen war. Es schien mir, als schwebte ich ein paar Zentimeter über dem Sofa, gehalten und geborgen von ...

Ich muss dich nicht zu mir nehmen. Ich trage dich doch die ganze Zeit, flüsterte eine Stimme, die nur ich hören konnte, in mein Ohr. *Ich bin da.* Es fiel mir nicht schwer, ihm zu glauben.

»Danke, lieber Gott!«

Mehr fiel mir nicht mehr ein. Es war genug.

Ballade vom mutigen Schmerz

Es zog einmal ein Schmerz durchs Land,
dem raubte es fast den Verstand,
dass man in Liedern und Gedichten
den immer gleichen Reim sich machte
und ihn, den Meister der Geschichten,
damit zum hellen Wahnsinn brachte.

Wer immer sich mit ihm gerierte,
wo immer man den Schmerz zitierte,
sofort kam auch das Herz ins Spiel.
Und schon war jeder schöne Text
durchtränkt von Tränen und Gefühl.
Es war verflucht. Es war verhext!

Der Schmerz, er liebte jene Tage,
als echte Pein und echte Klage
noch ihm gehörten, ihm allein.
Er durfte Mark und Bein besitzen
und überall zu Hause sein,
vom Fuß bis in die Fingerspitzen.

Die Barden und die Bänkelsänger,
die schnallten ihm den Gürtel enger.
Sie haben ihn fest eingesperrt
in einer kleinen Herzenskammer.
Verloren ist sein reicher Wert,
Ach Gott, ach weh, es ist ein Jammer!

Nun fühlen sich an schlimmen Tagen
die Menschen seltsam leer und fragen,
was ihnen denn noch helfen soll.
Der Schmerz in seinem Reimgefängnis
wird rasend nun. Er ist wie toll.
»Auf in die Schlacht, auf ins Verhängnis!

Die leeren Glieder brauchen Leben,
von mir muss jede Faser beben!
Ein Schmerz, der rast, der pocht und tobt,
bringt Kraft in jeden Leib zurück.
Wohl dem, der meine Kräfte lobt,
er ist bereit für neues Glück.«

Er packt im Rausch sein eignes Ende
und hackt es ab, voll Mut, behände.
»Schluss mit der Reimerei, es reicht!«
Ruft nun der Schmerz und schwitzt und lacht.
Vom »Erz« befreit wird er ganz leicht,
sein Mut hat sich bezahlt gemacht.

Viel kürzer als zuvor ist er,
doch wird ihm das Gemüt nicht schwer.
Als »Schm« fühlt er sich wie ein König.
Jetzt kriegt ihn keiner mehr zu fassen.
Auf »Schm«, da reimt sich wirklich wenig.
Nun wird man ihn in Ruhe lassen.

So hat der Schmerz den Reim besiegt
und reimt sich heute nimmer.
Und wer mit Herzschmerz sich begnügt
ist selber schuld. Für immer.

Wer kann mich nur verstehen?

Eisenfeilspäne. Kennen Sie dieses Wort? Wenn ich mich recht erinnere, heißen so die winzigen Eisenteilchen, mit denen uns unser Physiklehrer in der Schule die Wirkung des Magnetismus erklärte. Er schüttete damals einen Haufen Späne auf eine Plastikplatte und hielt einen Stabmagneten darunter. Er erklärte uns: »Wir Menschen haben kein Sinnesorgan für den Magnetismus. Wir können nur die Auswirkungen sehen, die er auf Gegenstände hat.« Ein Haufen Eisenspäne formiert sich unter der Einwirkung eines Magneten blitzschnell zu einem universalen Muster. Das Bild, das wie von Zauberhand entstand, habe ich noch heute vor Augen: in der Mitte ein paar vereinzelte Späne, rundherum ein Leerraum und außen ein geordneter Kreis, in dem sich die restlichen Eisenteilchen zur Mitte hin ausrichten.

Wenn wir trauern, fühlen wir uns oft, als wären wir ein einsamer Eisenspan in der Mitte eines Magnetbildes. Umgeben von tausenden Helfern – und doch allein. Alle schauen uns an, aber keiner kann den Abstand überwinden. Angezogen und abgestoßen zugleich, so formieren sich die

Teilchen zu einem Kreis. Die Trauer scheint auf uns alle zu wirken, mit unsichtbarer Kraft, wie ein Magnet.

Ach, könnte nur jemand den Graben überwinden, das wünschen wir uns. Wir sehnen uns nach einem Menschen, der den harten Weg auf sich nimmt und zu uns kommt, in die einsame Mitte. Natürlich freuen wir uns über alle, die auf uns schauen und sich um uns sorgen, aber es gibt einen Satz, den zu hören uns noch wichtiger wäre als alle Hilfsangebote, Ermutigungen und Trostworte zusammen.

»Ich verstehe dich.«

Man spürt, wann dieser Satz ernst gemeint ist. »Ich verstehe dich«, das heißt nicht: »Ich habe auch schon einmal etwas Ähnliches erlebt.« Oder: »Ich glaube, ich kann mir vorstellen, wie es dir geht.« Wirkliches Verstehen, das ist ein Sieg, den zwei Menschen nur miteinander erringen können. Ein großer Sieg. Ein Sieg über den Graben, den die Trauer zwischen Menschen reißt. Zuhören, Worte finden, mit viel Geduld. Fragen, gemeinsames Suchen nach Bildern, Nachfragen, wieder und wieder. Verstehen erfordert Ausdauer und Kraft auf beiden Seiten. »Ich verstehe dich«, für uns Trauernde heißt das: Jemand hatte den Mut, in das Chaos unserer Gefühle einzusteigen und der Verwirrung standzuhalten. Er hatte die Geduld, mit uns gemeinsam ein wenig Ordnung zu machen und nach einem Muster zu suchen, das uns hilft, unsere Welt zu begreifen, auch wenn wir uns in ihr verirrt haben.

Es gehört zum Prozess der Trauer, dass wir durch Phasen gehen, in denen wir keine Ahnung mehr haben, was mit uns los ist. Wenn sich dann ein tapferer Kumpane aufmacht, uns zuzuhören, bis er mit uns gemeinsam herausgefunden hat, was wir meinen – wenn er bereit ist, die Welt durch unsere Augen zu betrachten und uns zu sagen, was er dabei sieht, dann kann es sein, dass auch wir wieder beginnen, uns selbst zu verstehen. Es kommt uns vor wie ein Wunder, wenn das gelingt. Meistens scheitern wir ja schon am Versuch, uns auszudrücken. Es tut uns selbst am meisten weh, wenn die Worte fehlen. Und nicht nur das, es macht uns Angst. Denn wir ahnen: Viele Menschen schenken uns ihr Mitgefühl und ihre Hilfe nur so lange, wie sie das, was wir tun und sagen, nachvollziehen können.

Zu Beginn der Trauer ist das meist noch recht einfach. Man versteht unsere Tränen, man versteht die Sehnsucht und auch den Schmerz. Man kann sogar nachvollziehen, wenn wir uns ablenken oder noch nichts fühlen können. Die ersten, primären Reaktionen der Trauer entsprechen meistens dem, was jeder irgendwo schon einmal gelesen hat: schwebender Schock, Dissoziation, akuter Schmerz oder passive Depression. Viel mehr steht nicht zur Auswahl. Auch wir selbst kommen mit diesen Anfangsstadien der Trauer ganz gut klar, auch wenn wir natürlich leiden wie niemals zuvor.

Die Zeit vergeht. Wir wünschen uns, dass alles wieder gut wird, und wir setzen uns auch dafür ein. Doch der geliebte Mensch bleibt tot, und wir merken: Das ist keine vorübergehende Phase, keine Wunde, die wieder heilt, sondern eine Tatsache, der wir uns stellen müssen – auf unsere ganz eigene, verschrobene, ungeschickte, vor allem völlig unerfahrene Weise. Wir machen Fehler, stehen wieder auf und fragen uns, wie das Leben nun wohl weitergeht. Wir würden alles tun, was in unserer Macht steht, um es wieder neu zu gestalten.

Wäre das nicht eine herrliche Kurzgeschichte? *Es war einmal ein schönes Leben. Dann kam der Tod und ließ es zusammenbrechen. Nun, Schritt für Schritt, baut es der*

Trauernde wieder auf. Doch so einfach ist es leider nicht. Unsere Freunde, die Eisenspäne, wissen nur zu gut, warum sie besser auf Abstand gehen. Denn ein Leben, in dem der Magnetismus der Trauer wirkt, ist ein Leben, in dem viele starke Kräfte toben. Sie sind unsichtbar, stärker als unser Mut, und viele dieser Kräfte stoßen einander auf seltsame Weise ab.

Noch ein Experiment aus dem Physikunterricht: Unser Lehrer legte einen Kompass auf den Magneten. Sofort begann die Nadel zu zucken und sich wie verrückt im Kreis zu drehen. Norden, das war auf einmal nur noch Theorie. Die unsichtbare Kraft war stärker als die Pole der Welt.

Trauernd, aus dem Leben gerissen, sind wir selbst die Kompassnadel. Wir tanzen orientierungslos im Kreis. »Was brauchst du?«, »Wie geht es dir?«, »Wo willst du jetzt hin?«, fragt man uns. Wir wissen es nicht. Wie gehen wir damit um? Wir versuchen, tapfer zu sein und so zu tun, als ob nichts wäre. Wir weinen, wüten, klagen und schimpfen. Oder wir ziehen uns stumm zurück. Schock, Schmerz, Depression. Das kennen wir schon, also bleiben wir lieber noch ein bisschen dabei.

Ab und zu findet sich ein Mensch, der bei uns bleibt und wartet, bis die Tränen versiegt sind und wir den Kopf aus unserer selbst gebauten Höhle stecken. Der aushält, ohne zu drängen, und uns Sicherheit schenkt, bis wir den Mut haben, ehrlich zu sein. Jemand, der uns zuhört und sich auch nicht verwirren lässt, wenn wir uns in Widersprüche verwickeln. Ein Mensch, der sich auf das, was wir erleben, einlässt und mit uns gemeinsam die unsichtbaren Kräfte der Trauer ergründet. Ein Mensch, der uns weiterhilft, indem er uns versteht. Dieser Mensch kommt nicht immer aus unserem engsten Umfeld. Vor allem wenn zwei Menschen akut um denselben Toten trauern, kommt es oft zu Enttäuschungen. Es mangelt an Klarheit, die Rollen sind nicht definiert, und Vermischungen behindern echtes Verstehen.

Verstehen, das könnte heißen: einen Menschen in seiner Welt besuchen. Es gelingt dann am besten, wenn klar ist, wer gerade zu verstehen versucht und wer von sich selbst erzählt. Es ist wie bei einem Besuch. Wenn man sich zu einem Kaffee verabredet, macht man ja auch aus, wer wen beehrt. »Kommst du heute zu mir?«, das macht die Sache klar. Es funktioniert auch in einem Gespräch.

Ein Besuch des Verstehens beinhaltet auch die Möglichkeit, dass die Welt, die man betritt, ganz anders ist als die eigene. Wer sich um Verständnis bemüht, versucht, die Welt durch die Augen des anderen zu betrachten, ohne das Gehörte sofort mit den eigenen Gefühlen und Wahrnehmungen abzugleichen. Man kann einen Menschen verstehen, auch wenn man selbst in der gleichen Situation ganz anders fühlen würde.

Gibt es eine Haltung, die uns und unseren Begleitern helfen kann? Einen neutralen Boden, auf dem wir einander willkommen sind, egal, was wir fühlen? Dürfen wir fühlen, was wir fühlen, auch wenn wir uns selbst gerade furchtbar unsympathisch sind? Dürfen wir so sein, wie wir sind, auch wenn wir die Menschen in unserer Nähe überfordern, weil unsere Sicht auf die Welt gerade schwärzer ist als die Nacht?

Ja.

Ja ... ein seltsames Wort, wenn es um Schmerz und Trauer geht. Es auszusprechen scheint irgendwie paradox. »Es ist alles ganz furchtbar. Ich halte es einfach nicht aus. Ich weiß nicht, wie es weitergehen soll, und eigentlich will ich nicht einmal mehr leben ...«

»Ja. Du trauerst. Genauso fühlt sich das an.«

Ist es möglich, einfach zuzustimmen, wenn jemand im Leid versinkt? Beizupflichten im Weinen, im Schreien, in der Wut, aber auch im Übermut? Ja zu sagen, auch zu dem, was zunächst nicht zu verstehen ist? Ist das tatsächlich eine Möglichkeit?

Ich musste zweiunddreißig Jahre alt werden, um zu lernen, jemanden bedingungslos in seinem Erleben zu bestärken. Gemeinsam mit meiner kleinen Tochter habe ich zum ersten Mal erfahren, wie schön es sein kann, auch negative Emotionen zu bestätigen, und wie erleichternd es ist, wenn man nicht immer ablenken oder trösten muss. Fini war vierzehn Monate alt, als ich sie in einer Spielgruppe anmeldete, die im Sinne der Pädagogin Emmi Pikler geleitet wurde. Wir waren acht Mütter beziehungsweise Väter und acht Kinder zwischen einem und zwei Jahren, die sich jede Woche für zwei Stunden trafen. In der ersten Stunde durften die Kinder stets spielen und diverse Turngeräte ausprobieren. Danach gab es einen gemeinsamen Imbiss und eine Nachbesprechung – so weit, so gut.

Was ungewöhnlich war, war die Anweisung, die wir Eltern erhielten. Wir sollten uns im Kreis um unsere Kinder auf Kissen setzen, und wir durften diesen Platz die ganze Stunde lang nicht verlassen, egal, was geschehen würde. Natürlich würde es vorkommen, dass unser Kind ein Problem hatte, dass es hinfiel oder mit einem der Spielgefährten zusammenkrachte. Das, so erklärte die Gruppenleiterin, war ein wichtiger Teil der kindlichen Lernerfahrung. Bald erkannten wir: Nicht nur unsere Kinder waren hier, um zu lernen. Die eigentliche Lektion hatten vor allem wir Eltern zu begreifen. Nicht aufspringen, wenn unser Kind Probleme hat. Nicht aktiv eingreifen und auch nicht helfen. Die Entscheidung, sich an uns zu wenden, sollte beim Kind bleiben. »Eure Kinder wissen, wo sie euch finden. Wenn sie euch brauchen, kommen sie, da könnt ihr sicher sein.«

Die Pädagogin gab uns noch eine zweite Anweisung. Wir wurden aufgefordert, die ganze Stunde lang nichts anderes zu sagen als das, was wir sehen konnten. Wenn unser Kind sich an uns wandte, sollten wir versuchen, seine Gefühle und Wünsche in Worte zu übersetzen, ohne sie zu bewerten oder zu manipulieren. Auch Trost war nicht erlaubt. Die Kinder sollten durch uns lernen, wie man das, was sie fühlten, benannte. Sie sollten erkennen, dass es nicht jemand anderen braucht, um den Schmerz oder die Wut zum Verschwinden zu bringen. Sie selbst würden in die Lage kommen, mit ihren Gefühlen umzugehen, sie wahrzunehmen, und zu erkennen, dass sie sich von selbst veränderten.

»Du hast dir wehgetan. Jetzt weinst du. Es tut so weh, dass du richtig wütend wirst und um dich schlägst.« So etwas hatte ich noch nie zuvor gesagt. Es brauchte Überwindung, aber bald war ich erstaunt, wie leicht es ging und wie sehr es mich entspannte, meine Tochter mit Worten zu begleiten, statt für jedes ihrer Gefühle die Verantwortung zu übernehmen. Damals, in der Spielgruppe, lernte ich, meine Tochter dabei zu unterstützen, ihre eigenen Erfahrungen zu machen und ihre eigenen Gefühle zu durchleben. Letztlich lernte ich, was es bedeuten könnte, wirklich da zu sein für ein Kind, das beginnt, seinen eigenen Weg zu gehen. Ich übte, meiner Tochter zu zeigen, dass das, was sie fühlt, Berechtigung hat. Sogar dann, wenn ich nicht der gleichen Meinung war wie sie. Das entspannte auch unseren Alltag. »Du bist traurig und wütend«, das konnte ich auch dann sagen, wenn ich persönlich nicht fand, dass man hysterisch werden muss, nur weil man keinen zweiten Schokoladenpudding bekommt oder keine Badehose anziehen darf, wenn es draußen schneit.

Was du fühlst, ist okay. Wer bin ich, dass ich das infrage stellen könnte? Geh deinen Weg, sammle deine Erfahrungen. Ich muss sie nicht teilen, aber ich bleibe bei dir und bin für dich da. Auch wenn wir trauern, kann eine solche Haltung Wunder wirken. Wenn wir Glück haben, gibt es Freunde, die intuitiv den richtigen Ton treffen. »Es scheint unglaublich wehzutun.« Oder auch: »Da ist ganz schön viel Durcheinander, stimmt's?« Solche Sätze helfen mehr als jeder verzweifelte Tröstungsversuch.

Was wir brauchen, ist einfacher, als man vielleicht glaubt. Wir wollen Beistand, wir wollen nicht alleingelassen werden in unserem Schmerz und im Chaos unserer Gefühle. Es ist gar nicht nötig, dass man uns vollständig versteht und zu fühlen versucht, was wir fühlen. Wir verstehen uns ja selbst nicht, wie sollen wir es also erklären? Viel lieber ist es uns, wenn unser Gegenüber bei sich bleiben kann, ohne sich mit uns zu verstricken. Das schönste der Gefühle: Berechtigung zu bekommen in dem, was wir empfinden.

Manche Trauerbegleiter geben sehr klare Anweisungen, wenn es darum geht, wie man mit den Tränen anderer umgehen soll. Umarmen, trösten, Taschentücher reichen? Das ist in den Augen der Profis nicht immer die beste Reaktion. Denn wer weint, soll Zeit haben und die Möglichkeit bekommen, gut auf sich selbst zu achten. Was können Außenstehende tun? Da bleiben. Und Bestätigung geben. *Ja, es tut weh. Ja, ich sehe, dass du Schmerzen hast. Es ist gut, es gehört unbedingt dazu, und du musst es auch nicht ändern.*

Gelassene, hilfreiche Bestätigung kommt oft von Freunden, die selbst vor längerer Zeit um einen nahen Angehörigen getrauert haben und genug Abstand von ihren Erlebnissen gewonnen haben, um nicht durch unsere Erzählungen in eigene Schmerzerinnerungen zurückzufallen. »Ah, so ist das bei dir?« Dieser Satz ist ein Hinweis darauf, dass wir gerade in besten Händen sind. Manche Menschen können zuhören und die Stille teilen, die uns langsam zum nächsten Gedanken führt und lose Fäden miteinander verknüpft. Sie bestätigen oder stellen Fragen, ohne die Antwort schon zu kennen. Sie sind neugierig und haben den Mut, falsche Spekulationen zu äußern und sie ohne Frust zu korrigieren. Ich glaube, wer über diese Eigenschaften verfügt, kann tatsächlich das eine oder andere Magnetfeld überwinden.

Vielleicht ist es kein Zufall, dass meine beiden besten Begleiterinnen Clown von Beruf waren. Als Clowns haben wir gelernt, zu staunen und die Welt so zu sehen, als wäre sie gerade erst neu erschaffen. Oder so, als wären wir eben erst vom Himmel gefallen. Es gehört auch zu unserem Beruf, freundlich und frisch zu reagieren, falls wir mitten im Enthusiasmus bemerken, dass wir die falsche Tür erwischt haben oder einem anderen Irrtum aufgesessen sind. Diese innere Haltung hat sich bewährt, als es darum ging, zu verstehen.

Vielleicht kennen Sie keinen Clown. Doch bestimmt gibt es auch in Ihrem Freundeskreis einen Menschen, der ein guter Frager und Zuhörer ist. Wer darin geübt ist, mit Menschen auf Erkundungsreise in ihre eigene Welt zu gehen, tut das oft sehr gern. »Kannst du dir ein bisschen Zeit nehmen und mir helfen, mich zu verstehen?«, diese Frage öffnet meistens die richtige Tür. Auf professioneller Ebene können Trauerbegleiter und Therapeuten diese Rolle übernehmen. Auch sie haben gelernt, die Welt durch die Augen anderer Menschen zu sehen und gemeinsam mit ihnen auf Spurensuche zu gehen. Gerade wenn man in einem engen Umfeld lebt, in dem jeder für sich vom schmerzhaften Todesfall betroffen ist, kann es förderlich sein, Hilfe von außen in Anspruch zu nehmen, um sich erst einmal in sich selbst zu orientieren.

Egal, wer sich findet, um Sie im Kraftfeld Ihrer Trauer zu besuchen: Es ist wunderschön, verstanden zu werden. Doch es ist keine Selbstverständlichkeit. Noch wichtiger als die Neugier und gekonntes Zuhören ist in meinen Augen die Fähigkeit, auch das Scheitern zu akzeptieren. Das gilt für die, die uns begleiten, aber ebenso für uns.

Ich habe viele Gespräche erlebt, in denen es nicht gelang, Ordnung in das Chaos meiner Gefühle zu bringen. Das lag an mir, am anderen, am falschen Tag, an der Konstellation oder einfach daran, dass die Zeit für tiefes Verstehen noch nicht gekommen war. Oft sprang der andere dann, um das Gespräch zu einem guten Ende zu bringen, mit abschließenden Erklärungen oder Vereinfachungen ein. Meistens protestierte ich heftig. Irgendetwas fehlte mir immer noch, irgendetwas war verkehrt … Ich fühlte mich einfach nicht verstanden.

Meinem Partner habe ich inzwischen eine Jokerkarte geschenkt, die er in seiner Geldbörse trägt. Er darf sie jederzeit ausspielen, sooft er will. Für uns heißt dieser Joker: »Ich habe das Gefühl, dass wir uns gerade verbeißen, und ich glaube, dass wir heute nicht weiterkommen. Lass uns ein anderes Mal weiterdenken.« Bevor wir diesen Joker hatten, kam es immer wieder zu Streit. »Versteh mich doch«, so rief ich um Hilfe, wenn ich mich in meinem konfusen Schmerz allzu einsam fühlte. Ich dachte, wir müssten nur lange genug miteinander reden, dann würde sich das Verstehen schon einstellen. Doch das funktionierte bei Weitem nicht immer.

Wenn sogar meinem geliebten Gefährten die Geduld ausging, fühlte ich mich noch verlassener als zuvor. Um jeden Preis versuchte ich das zu verhindern – ich redete, als ginge es um mein Leben, und in gewisser Weise war es ja auch so. Mein Leben: Ich wollte es verstehen und verstanden wissen. Wenn das nicht möglich war, fühlte ich mich, als würde ich zerfallen.

Heute weiß ich: Auch wir sind verantwortlich für das, was geschieht, wenn Menschen es wagen, über den Graben zu springen und uns in unserer Welt zu besuchen. Und wir können ihnen helfen, mutig zu sein.

Trauer macht unsicher, Trauer macht Angst. Ich habe Verständnis für alle, die sicherheitshalber in Ritterrüstungen schlüpfen, um sich der Übermacht unserer Gefühle nicht zu stellen. Ich glaube, das ist nur allzu menschlich. Eine Ritterrüstung ist natürlich nicht die beste Ausrüstung, um durch ein Magnetfeld zu springen. Wir als Trauernde können den anderen helfen, die Visiere hochzuklappen und sich nach und nach aus ihren Rüstungen zu befreien. Auch wenn wir selbst daran verzweifeln könnten: Die Experten für unsere Trauer sind immer noch wir. Jedenfalls ist es Teil unseres Weges, zu Experten zu werden. Trauern, das ist eine Art Ausbildung, in die uns das Leben gestoßen hat. Wir müssen lernen, uns auszudrücken. Auf andere zuzugehen, sie nicht zu verschrecken. Und rechtzeitig aufzuhören, wenn es gerade nicht mehr geht.

Manchmal habe ich auch heute noch das Gefühl, die Trauer säße auf mir wie ein Tier, das kaum zu kontrollieren ist. »Haben Sie Kinder?« Eine ganz normale Frage, wenn man einander gerade kennenlernt. Für mich jedoch ist sie verhängnisvoll. Ich wundere mich heute nicht mehr, wenn mein Gegenüber ratlos zu Boden schaut, sobald ich erzähle, was mit meinen Kindern geschehen ist. Ich weiß, dass die meisten Menschen keine Ahnung haben, wie sie dem Trauertier begegnen sollen. Wer kann schon wissen, ob es nicht bissig ist, gerade wenn man versucht, es zu streicheln? Ich kann verstehen, wenn sich jemand in Sicherheit bringt, indem er sich einem anderen Gespräch zuwendet oder, in anderen Fällen, beschließt, das Tier auf meiner Schulter beharrlich zu ignorieren.

»Ist es sehr schlimm für dich, wenn ich von meinen Kindern spreche?« Diese Frage fällt oft. Was soll ich darauf antworten? »Ja«, manchmal sage ich es, wie es ist. Das Gespräch verstummt dann meist sofort und erholt sich kaum wieder. Für die nächsten dreißig Minuten kann offenbar niemand mehr an etwas anderes denken als an reizende, kleine Kinder, über die man im Augenblick nicht sprechen darf. So funktioniert eben unser Hirn. Natürlich mache ich auch immer wieder Zugeständnisse. »Nein, kein Problem.« Die Folge: Man erzählt ausführlich. Von den Kindern, den Enkeln, von lustigen Aussprüchen und tausend herzigen Begebenheiten. Es wirkt fast so, als stünden alle unter Hypnose. Vielleicht trifft das sogar tatsächlich zu.

Die Menschen, die die Geschichte meines Schicksals unvorbereitet erwischt, werden unfreiwillig ins Magnetfeld der Trauer gezogen. Sie merken es vielleicht gar nicht. Aber ich weiß Bescheid. Der Tod ist mächtig, und er ist alles andere als normal. Und der Tod tritt auch heute noch mit mir in den Raum, wenn ich unter Menschen gehe und aus meinem Leben erzähle. Jeder versucht auf seine Weise, mit uns umzugehen – dem Tod, der Trauer und mir. Die Reaktionen fallen oft ungeschickt aus, unsicher, übertrieben fröhlich oder derb. Wem kann ich es verdenken?

Wir alle waren in keiner Schule, in der wir lernten, mit dem Tod umzugehen. Die meiste Übung im Umgang mit dem Trauertier haben wir, die Trauernden, immer noch selbst. Ich habe seit Jahren Übung darin gesammelt, mit ihm klarzukommen. Ich begriff, dass ich lernen musste, es zu zähmen und seine Sprache zu verstehen. Dafür brauchte ich viel Zeit, vor allem mit mir selbst. Ich beobachtete, wie sich mein Körper, meine Gedanken und Gefühle unter der Last der Trauer verhielten. Langsam erkannte ich erste Gesetzmäßigkeiten. Ich fand heraus, unter welchen Umständen sich das Trauertier ruhig verhielt, und ich übte, mich auszudrücken, indem ich schrieb, malte und mit wenigen ausgewählten Menschen sprach.

»Wer kann mich nur verstehen?« Ich glaube, vor allem sind es wir selbst. Wir dürfen hoffen, dass wir Menschen finden, die uns verstehen, und andere, die bei uns bleiben, auch wenn sie unseren Gefühlen nicht folgen können. Doch auch wir müssen großzügig sein. Nicht jeder kann den Kreis der Eisenspäne verlassen und in unsere Welt vordringen. Nicht jeder ist in der Lage, zu verstehen.

Manche Menschen verstehen überhaupt nichts. Sie sind Experten für Fettnäpfchen, Allgemeinplätze und Fehlurteile aller Art. Auch sie können immer noch wunderbare Helfer sein, zum Beispiel, wenn wir Unterstützung bei den praktischen Dingen des Alltags brauchen. Menschen, die wissen, dass sie nichts verstehen, leiden selbst am meisten darunter. Meistens sind sie froh, wenn man sie bittet, etwas Konkretes zu tun.

Wer nicht versteht und nicht verstehen will, fordert uns durch sein Unverständnis heraus. Auch das ist manchmal gar nicht schlecht. Schritt für Schritt bringen uns diese Menschen bei, wie es sich anfühlt, in einer Welt zu bestehen, in der sich nicht alles um uns dreht. In der ganz normalen Welt, in der jeder bedürftig, gut und schlecht gelaunt, schwach und stark, ungeduldig und auch einmal sehr direkt ist, geht es gleichberechtigt zu. Wenigstens gibt es in ihr keine unsichtbaren Magneten. Irgendwann werden auch wir wieder in dieser Welt zu Hause sein. Zuerst nur für ein paar Minuten, für einige Stunden vielleicht, je nachdem, wie lange das Trauertier schläft. Der Platz in der Mitte des Magneten steht uns jederzeit als Rückzugsort zur Verfügung, als Platz der liebevollen Begegnung mit uns selbst.

Das Ende der Trauer – vielleicht liegt es nicht da, wo wir vermuten. Vielleicht geht es nicht darum, wieder zu werden wie früher, grabenlos und gut geordnet. Kann es sein, dass wir es sind, die lernen, den Graben zu überwinden und uns frei zwischen den Welten zu bewegen?

Der Platz in der Mitte: Auch er ist ein Geschenk der Trauer, eines unter vielen. Ein Ort, an dem wir sein dürfen, wie wir sind, ohne uns zu erklären, ohne ein gutes Beispiel abzugeben, ohne den Anspruch zu haben, dass uns irgendjemand versteht. Es soll Menschen geben, die sich nach einem solchen Platz sehnen. Wir werden sie zu uns einladen. Irgendwann.

Selbstgespräch im Tagebuch

Heute ist kein guter Tag.
   Bist heute nicht gerne aufgewacht.

Ich würde am liebsten im Bett liegen bleiben.
   Dein Körper fühlt sich so an, als ob er Ruhe braucht.

Ich weiß gar nicht mehr, was dieses Leben soll.
   Du kannst gerade keinen Weg erkennen.

Das Wetter ist auch scheußlich. Kalt.
   Du frierst. Man sieht ja sogar die Gänsehaut.

Vielleicht fange ich einfach mit einer Tasse Tee an ...
   Du denkst an warmen Tee.

Genau.
   Du spürst, was du jetzt brauchst.

Vielleicht sieht die Welt nach einer Tasse Tee schon besser aus.
   Das klingt nach Hoffnung.

Ich weiß noch nicht. Aber ich kann es ja einmal probieren.
   Du weißt es nicht und kochst dir Tee.

Gar nicht schlecht, was?
   Ja. Jetzt bist du stolz auf dich.

Genau. Ich mag uns beide.
   Das freut mich. Ich mag uns auch.

Was brauche ich?

Ich weiß nicht, ob auch Sie einen Lieblingssender im Radio haben. Einen Kanal, den Sie immer dann einschalten, wenn Sie Aufmunterung brauchen, einen Sender, der Ihnen das Gefühl gibt, zu Hause zu sein. Mein persönlicher Lieblingssender heißt Radio Wien. Ich höre ihn schon seit vielen, vielen Jahren – beim Autofahren, beim Putzen, morgens im Bad. Die Musik, die da gespielt wird, macht mich froh. Sie passt zur Musik meines Lebens, es fällt mir leicht, zu ihr zu tanzen. Nun ja: Es *fiel* mir leicht. Früher. Als mein Leben noch in Ordnung war.

Nach dem Tod meiner Familie konnte ich mehr als zwei Jahre lang nicht Radio hören. Der Soundtrack meines Lebens war verstummt. Ich fühlte mich elend, um alles beraubt, was einmal, auf ganz simple Weise, schön gewesen war. Der Tod hat die Beziehung zu meinem Lieblingsradiosender getrübt, aber nicht nur das. Er hat, so scheint es mir, die Musik meines ganzen Lebens verstimmt, hat mein Vertrauen in Rhythmus, Text und bekannte Melodien zerstört. Er hatte sich plötzlich ins Programm gedrängt, wie ein lauter Kreischton, ein ohrenbetäubendes Störgeräusch. So laut, so grausam, dass es mir fast die Ohren zerriss. Ich musste schnell dafür sorgen, dass mein Kopf nicht zersprang. Ich drückte auf »off« und schaltete mein Leben erst einmal stumm.

Es dauerte eine Zeit lang, doch irgendwann versuchte ich es wieder mit dem Leben und seiner Melodie. Vorsichtig drehte ich den Regler wieder hoch, um seiner Musik zu lauschen. Doch ich musste feststellen: Ich konnte den Klang dieses Lebens kaum ertragen. Es war zu schrill, zu laut. Was war nur los? Hatte sich mein Geschmack verändert? Brauchte ich einen neuen Sender – ein anderes Leben? Oder war es einfach nötig, noch eine Weile im Rückzug, in der Stille zu bleiben? Ich wusste es nicht. Ich wusste nur: Dieses Kreischen überforderte mich. Die Störung tauchte immer dann auf, wenn ich mich gerade ein wenig in Sicherheit wiegte. Es war, als hätte sich ein böser Zauberer eingemischt mit dem Ziel, mir die Lust am Lebenstanz zu vermiesen und mein Vertrauen ins Sein nachhaltig zu zerstören. Immer dann, wenn es gerade ein bisschen schön war, krachte der Schmerz herein.

Ich stellte mir vor, wie es wäre, beim Kundenservice des Lebensmusikradios anzurufen. Was würde man dort sagen, wenn ich mich beschwerte – über das falsche Programm und über die Störungen, die mich neuerdings ständig zum Zittern brachten und mir die Lust an der Musik des Lebens verdarben? Hätte man einen Rat für mich?

»Probieren Sie es einfach weiter.« Nein, das klappte nicht. Der ungestörte Empfang zwischen mir und dem ganz normalen Leben wollte sich nicht einstellen. Beleidigt zog ich mich zurück. Vielleicht war das Leben ja einfach nichts mehr für mich.

»Was brauchst du? Wie können wir dir helfen?« Das war die Stimme meiner Freunde. Sie standen bereit. Es

scheint mir, als hätte man in der Redaktion des Lebensra-
dios einen ganz besonderen Plan für mich geschmiedet.
Man hatte eingesehen, dass es mir im Moment nicht möglich war, dem normalen Programm zu folgen. Also legte
man mir die gesamte Datenbank zu Füßen und ließ mich
selbst wählen. Man schickte mir liebe Menschen, die bereit
waren, alles für mich zu tun. Ich musste nur sagen, was ich
wollte. Ein wunderbares Angebot? Ein Angebot, das mich
völlig überforderte.

Was brauchte ich? Alles. Oder eigentlich … nichts. Ich
wollte, dass jemand da war. Ich wollte meine Ruhe. Ich
war hungrig. Ich konnte aber beim besten Willen nicht sagen, worauf ich Appetit hatte. Ich wollte lesen, nein, keine
Schundromane, auch keine Gedichte, keine Bilderbücher,
keine komplizierten Texte, keine Sachbücher, ach, eigentlich lieber gar nichts. Ich wollte, dass man mir half. Wo-
bei? Das wusste ich nicht. Im Grunde wollte ich, dass es
die anderen wussten. Ich wollte, dass man mir die Arbeit
abnahm und ohne lang zu fragen für mein Wohlergehen
sorgte. Ich wollte nichts wollen – ich wollte einfach reagieren. Oder? Nein … lieber nicht. Ich hatte ja doch keine
Kraft und keinen Mut, auf das, was von außen kam, ein-
zugehen.

Was brauchst du jetzt? Da war keine Idee, kein Anhalts-
punkt. Ich war selbst erstaunt, wie schwer mir die Antwort fiel. Dreiunddreißig Jahre war ich ganz gut durchs
Leben gekommen, ohne mir diese Frage ernsthaft zu stellen. Das Leben hatte für das Programm gesorgt, ich hatte
zu seiner Musik getanzt, mitgeschunkelt oder auch einmal
Pause gemacht. Ich hatte dies und das gewollt. Wenn sich
einer meiner Wünsche nicht erfüllte, war es auch nicht
schlimm gewesen. Nie zuvor war ich so erstarrt, noch nie

war ich am absoluten Nullpunkt gewesen. Niemals hatte ich mir Gedanken darüber gemacht, was ich eigentlich wirklich brauche, um mit gesundem Körper und gesunder Seele zu überleben. Wie sollte ich es ausgerechnet jetzt sagen können?

Schwach und betäubt sah ich nicht einmal das Offensichtliche. *Fertig gekochtes Essen. Geld. Sonderurlaub. Begabte Handwerker. Eine Putzfrau. Zahnpasta, Haarshampoo, Klopapier.* Kein Mensch wäre auf die Idee gekommen, dass ich nicht um diese Dinge bitten würde, wenn ich sie brauchte. Aber genau so war es. Ich war vollkommen blind.

Bis heute bin ich dankbar – dafür, dass es Menschen gab, die mich in den ersten Wochen meiner Trauer buchstäblich am Leben hielten. Menschen, die nicht fragten, was ich brauche, sondern kurz entschlossen Essen kochten, meinen Rasen mähten und den verstopften Abfluss durchputzten. Menschen, die einfach da waren und sich um die banalen, irdischen Kleinigkeiten kümmerten, während ich in höheren Sphären schwebte und mich mit meiner himmlischen Familie unterhielt. Es fiel mir unendlich schwer, um Hilfe zu bitten. Es tat so gut, wenn jemand mit aufgekrempelten Ärmeln kam, seinen gesunden Menschenverstand einschaltete und einfach anpackte.

Meine Freunde schauten vorbei, wenn sie Zeit hatten. Samstags. Abends, wenn die Kinder im Bett waren. Oder auch früh morgens, wenn ich noch schlief. Manchmal wachte ich auf und fand einen Topf mit Suppe – und einer großen Portion Liebe – vor der Tür. Manna. Lebenselixier. Manchmal würzte ich die Suppe mit dicken Tränen der Dankbarkeit, während ich sie aß.

Was mir geschenkt wurde, war unendlich viel. Und doch: Ich will nichts beschönigen. Wenn ich über die Frage nachdenke, was ich damals wirklich gebraucht hätte, erfasst mich noch heute ein Wirbelwind an Gefühlen. Dankbarkeit, ja, dieses Gefühl steht im Vordergrund. Aber da ist auch etwas anderes. Eine Prise Bitternis. Enttäuschung. Lähmung, Überforderung. Und, ja, auch so etwas wie Zorn, auf das Leben, auf das ganze Universum, auf den Tod. Wenn ich heute mit Trauernden spreche, spüre ich oft den Groll, den auch sie in sich tragen. Viele Witwen und Witwer erzählen von der Enttäuschung, vom Gefühl, im Stich gelassen zu sein, gerade jetzt, da sie so dringend Hilfe brauchen.

Ich glaube, es liegt nicht daran, dass niemand sich um uns Trauernde schert. Der Fehler liegt im System. Denn egal, wie sehr sich meine Freunde bemühten, mir zu helfen, es war ... *zu wenig*. Ich traue mich kaum, es auszusprechen. Es klingt so undankbar. Aber es stimmt. Denn in Wirklichkeit hätte ich noch viel, viel mehr Hilfe gebraucht. Immer noch bin ich fassungslos darüber, wie viele Hände nötig sind, um einen einzigen Menschen zu ersetzen, der nicht mehr auf der Erde wohnt. Mein Mann Heli hatte eine Lücke hinterlassen, die beim besten Willen nicht zu schließen war. Eine Lücke, die uns alle vollkommen überforderte.

Ich erinnere mich daran, wie wütend ich auf meine beste Freundin war, als sie mich einmal sitzen ließ. Mein Auto musste dringend zur Werkstatt. Die TÜV-Plakette war abgelaufen, ich hatte es einfach übersehen. Glücklicherweise bekam ich einen Termin beim Mechaniker, am letzten Tag, an dem ich noch fahren durfte. Meine Freundin hatte versprochen, mich von der Werkstatt abzuholen, denn die Reparatur dauerte viele Stunden. Nun rief sie mich an. Sie konnte nicht kommen, weil ihr Sohn Schnupfen hatte. Ich kochte, ich tobte. *Schnupfen?!* Das war doch wirklich kein Grund, mich im Stich zu lassen!

Nun saß ich in der Werkstatt fest und war in tiefster Not. Aber niemand schien das zu begreifen. Für meine Freundin war es einfach ein Termin, den sie absagte. Für mich aber fühlte es sich so an, als ob ein erster tragender Faden riss, ein Faden in jenem Netz, auf das ich mich verlassen musste, weil es das Einzige war, was ich noch hatte.

Heli – so hatte mein Sicherheitsnetz früher geheißen. Unsere Beziehung war stark gewesen, verlässlich und wie für mich geschaffen. Jetzt hing ich stattdessen an einem Provisorium, zusammengeknüpft aus dünnen Beziehungsfäden, die allesamt nicht wussten, wie wichtig die Rolle war, die sie spielten. Man konnte sich jederzeit aus der Affäre ziehen, wenn das Kind gerade Schnupfen hatte. Man war gutmütig, willig, aber doch zu nichts verpflichtet.

Wie oft bin ich an ganz alltäglichen Dingen gescheitert, gerade dann, wenn keiner für mich Zeit hatte. Abgelaufene TÜV-Plaketten. Regale, die zu schwer waren, um sie allein aufzubauen. Ein Rasenmäher, der sich all meinen Versuchen, ihn zu starten, widersetzte. Es war wie verhext. Wenn man mich fragte, was ich brauchte, fiel mir nichts ein. Und wenn mir einmal etwas einfiel, meistens um Mitternacht oder in einem anderen völlig unpassenden Moment, hatte gerade niemand Zeit.

Vor Kurzem habe ich eine Witwe besucht, die mir begeistert zeigte, was ihre Freundinnen ihr nach dem Tod ihres Mannes geschenkt haben. Ein selbst gestalteter Kalender. Auf jedem Kalenderbogen gab es zehn Streifchen zum Abreißen – zehn Gutscheine, die im jeweiligen Monat einzulösen waren. Zehn Versprechen pro Monat, die die Freundinnen im Voraus gaben. »Einmal Aufräumen.« – »Einmal Kino« – »Einmal Babysitten« – »Drei Stunden Hilfe zu deiner Verfügung«. Zeichen der Verbindlichkeit, Blankoschecks, ausgestellt im Wissen darum, wie schwer es fällt, gerade dann um Hilfe zu bitten, wenn man sie braucht.

Ich halte die Kalenderidee für genial. Auch deshalb, weil ich glaube, dass die Freundinnen nichts eingetragen haben, was sie nicht gern – oder zumindest freiwillig – tun. Die Gutscheine geben der Witwe Sicherheit, aber auch den Freundinnen, die dank der begrenzten Zahl an Streifchen aufpassen können, dass sie nicht über ihre Grenzen gehen. Wir dürfen nicht vergessen, dass unsere Trauer nicht nur für uns selbst unheimlich und riesengroß ist. Diese Angst, vollkommen verschluckt zu werden, gehört uns nicht allein. Es gibt kein anderes Gefühl, das so absolut, so tief und existenziell ist wie das der Trauer um einen geliebten Menschen. Unser Leben ist zerbröckelt – und wer hat schon Übung darin, so ein Leben wieder aufzubauen?

Wir, die wir leiden, hoffen, dass andere uns helfen. Die Menschen, die uns begleiten, ahnen, wie groß die Aufgabe ist, vor der sie stehen, wenn sie sich als Helfer anbieten. Viele haben Angst, dass wir nach der ganzen Hand greifen werden, sobald man uns den kleinen Finger reicht. Vielleicht ist diese Angst nicht einmal ganz unbegründet. Wer will es uns verdenken, dass wir nach jedem Strohhalm greifen?

Verbindlichkeiten, in Portionen eingeteilt, wirken wie ein Zaubermittel gegen diese Angst. Sollte ich noch einmal Witwe werden, ich würde am Tag des Begräbnisses rote und grüne Postkarten an alle Trauergäste verteilen. Ich würde die Anwesenden bitten, mir auf der roten Karte einen Gutschein zu schenken für etwas, das sie bereit wären, für mich zu tun, irgendwann, dann, wenn ich es brauche. Vielleicht auch erst in einem Jahr. Auf die grüne Karte sollten sie alles schreiben, was sie ohnehin gern tun. So gern, dass es jedes Mal Freude macht, wenn ich sie darum bitte. Dinge, die kein Minus auf meinem Zuwendungskonto erzeugen, weil das Tun selbst auch meinen Freunden Freude macht. Kuchen backen, ins Kino gehen, wandern gehen, mit dem Kombi zu IKEA fahren – das würde ich auf so eine grüne Karte schreiben.

Es gab eine Zeit, in der ich solche Zuwendungsschecks besonders dringend gebraucht hätte. Ein halbes Jahr nach dem Tod meiner Familie war ich endlich wieder bereit, mich dem Leben zu stellen. Ich packte meine Sachen, um umzuziehen, in ein neues Leben, in eine neue Stadt. Ich war mutig, aber bei Weitem nicht stark genug, um es allein zu schaffen. »Ich brauche euch jetzt. Bitte kommt«, schrieb ich meinen Freunden. Und musste erkennen: Es war zu spät. Meine Bedürftigkeit und die Hilfsbereitschaft meiner Freunde waren auf sehr ungünstige Weise phasenverschoben, wie zwei Töne, die sich gern zu einer Harmonie zusammengefunden hätten, aber nicht gemeinsam klingen konnten. Wie ein Lied im Radio, bei dem zuerst das Schlagzeug spielt und die dazugehörige Melodie erst nach dem Werbeblock erklingt.

Die Betroffenheit der Menschen in meiner Umgebung lag wenige Tage nach dem Tod meiner Familie bei dreihundert Prozent. Sie war kraftvoll und führte dazu, dass man sich mit Hilfsangeboten überschlug. Nach etwa zwei Monaten hatten sich die meisten allerdings an den Tod meiner

Familie gewöhnt. Die Bestürzung und ebenso die Bereitschaft, Feuerwehr zu spielen, ebbten ab. Nur noch ein paar enge Freunde waren bereit, nach mir zu sehen. Dann endlich, im späten November, als ich umziehen wollte und ein ganzer Keller voll Gerümpel in kurzer Zeit zu räumen war, als ich zum ersten Mal klar sagen konnte, was ich brauchte, und wirklich viel Hilfe benötigte ... war niemand, wirklich niemand mehr da. Die entfernten Bekannten begriffen nicht, wie dringend ich sie jetzt, nach so langer Zeit, plötzlich brauchte. Die wackersten Helfer hingegen waren endgültig erschöpft.

Ich hatte keine Blankoschecks. Aber ich hatte etwas anderes, Gott sei Dank: Ich hatte Geld. Man hatte für mich gesammelt, ja, man hatte sogar ein Spendenkonto eingerichtet und die Kontonummer in die Zeitung gestellt. So konnte ich Profis dafür bezahlen, mir beim Umzug zu helfen, meinen Keller zu räumen und alles zur Mülldeponie zu bringen, was tatsächlich Müll war. Ich konnte sogar einen Lagerraum mieten, um die Dinge, von denen ich mich noch nicht trennen konnte, erst einmal zu deponieren.

Geld. Das uralte Tauschmittel. Praktisch ... und unendlich hilfreich. Für viele Trauernde ist es immer noch ein Tabu, um Geld zu bitten. Auch ich wäre nie auf die Idee gekommen, und ich werde nicht müde, der Frau zu danken, die das Konto, das mir so vieles erleichterte, für mich eingerichtet hat. Sie war ein Engel, der mir geschickt wurde, gerade im richtigen Moment.

Heute versuche ich manchmal selbst, so ein Engel zu sein. Vor einiger Zeit begleitete ich eine junge Frau, die ihre im Sterbebett liegende Mutter pflegte. Wir beide wussten, dass die Kosten, die mit dem Tod der Mutter entstehen würden, hoch waren, und dass weder die pflegende Tochter noch ihre Schwester genug Geld vorrätig hatten, um diese Kosten zu begleichen. Ich ermutigte sie, beim Begräbnis um Spenden zu bitten. Doch es war ihr peinlich. Es musste anders gehen, meinte sie. »Geld für mich« – wir trauen uns meistens nicht, darum zu bitten. Wir haben es, so glauben wir, nicht verdient. Und doch landen die Rechnungen leider bei uns. Ich weiß selbst nicht genau, wie das Dilemma zu lösen ist. Ich ermutige dennoch, über den eigenen Schatten zu springen.

Ich habe bemerkt, dass viele Menschen gern etwas geben, statt selbst Hand anlegen oder Zeit schenken zu müssen. Ich habe auch erkannt, dass es vielen Menschen Freude macht, für etwas Bestimmtes zu spenden, zum Beispiel für einen Grabstein, für einen Urlaub oder das Leerräumen eines Kellers durch professionelle Unterstützer.

Es gibt Hochzeitslisten, es gibt Geburtspakete. An vielen Wendepunkten des Lebens gibt es den Brauch, Geld zu sammeln. Vielleicht geben wir dem Tod ja sogar ein Stück seiner Würde zurück, vielleicht können wir ihn aus dem versteckten Eck des Tabus holen, wenn wir unseren Mut zusammennehmen und offiziell darum bitten, dass man uns auch den Übergang in den neuen Lebensabschnitt als Witwe, Waise oder verwitwete Mutter mit Geld erleichtert. Vieles von dem, was wir in der Trauer brauchen, kostet Geld. Urlaub. Eine Putzfrau. Möbeltransporte. Beratung oder Therapie. Das alles ist kein Luxus. Wir brauchen es, um wieder zu Kräften zu kommen. Wir brauchen es, um nach dem Wochenbett der Trauer wieder aufzustehen.

»Es wird schon irgendwie gehen«, sagen wir uns, und ja, das stimmt. Aber es führt meist nicht dazu, dass wir wieder aufblühen und unsere Kraft später wieder verschenken können. »Irgendwie«, das ist nicht das bestmögliche Wort.

Wir haben Besseres verdient. Worum dürfen wir bitten? Ich denke, wir dürfen eine Liste erstellen von allem, was wir benötigen, um wieder auf die Beine zu kommen. Wir dürfen ein Konto einrichten. Wir dürfen Liste und Kontonummer mit einem lieben Gruß an alle Menschen verschicken, die wir kennen. Vielleicht ist es nur ein bisschen, was wir bekommen. Aber dieses bisschen wird uns Kraft schenken, Kraft, die wir brauchen, um weiterzugehen.

Jene, die uns begleiten, denken viel darüber nach, was sie sagen, wie sie trösten können. Doch über die unsere Existenz bedrohende Seite der Trauer verliert kaum jemand ein Wort. Ich habe es hiermit getan und hoffe, dass ich ein wenig dazu beitragen kann, Notlagen, die aus Scham entstehen, aus der Welt zu schaffen.

Natürlich ist Geld nicht alles, was wir brauchen. Vieles, wonach wir uns sehnen, kann man nicht im Laden besorgen. Die Freude am Leben, Aufgaben, Sinn, Freundschaft, Gemeinschaft, Lob und Bestätigung. Auch unsere Seele ist bedürftig. Was sie braucht, ist schwer in Worte zu fassen.

Was brauchte ich, abseits des praktischen Beistands? Wovon träumte, worauf hoffte ich? Ich erinnere mich, dass ich oft Stoßgebete zum Himmel sandte. Ich sehnte mich nach so etwas wie einem Retreat, nach einem Kibbuz, einem Kloster, nach einer geordneten Gemeinschaft, die ganz selbstverständlich auch ohne mich funktionierte, in der ich aber willkommen wäre und die Möglichkeit hätte, zu üben und mich im Schongang wieder einzufügen in das, was man ein normales Leben nennt. Ich sehnte mich nach einer heilen Welt, in der echte Gemeinschaft noch funktioniert.

Meine Trauer hat mich zu einer Romantikerin gemacht. Bis heute denke ich immer wieder darüber nach, ob es diese heile Welt geben kann, ob wir sie uns vielleicht sogar selbst erschaffen könnten. An besonders romantischen Tagen frage ich mich, ob die alten Stammeskulturen diese heile Welt vielleicht noch geboten haben. War früher, viel früher alles besser? Ist es einfacher, im Busch zu trauern als in unserer modernen zivilisierten Welt? Gibt es etwas, das wir von den indigenen Völkern lernen könnten? Etwas, das uns Trauernden helfen könnte, den Anschluss an ein normales Leben wiederzufinden?

Ich habe mich mit den Trauerritualen verschiedenster Kulturen beschäftigt. Viele dieser Rituale lassen erkennen, dass die Frage der Rückkehr ins ganz normale Alltagsleben tatsächlich wesentlich ist, wenn es um Tod und Trauer geht. Die meisten indigenen Trauerriten bestehen aus drei Phasen. Der erste Teil ist uns bekannt: die Verabschiedung der Toten. In den überlieferten Ritualen geht es bei diesem Abschied allerdings nur darum, den Seelen der Gestorbenen den Weg zu weisen, sie an der Rückkehr zu hindern und die Geister des Jenseits günstig für sie zu stimmen. Die Augen sind dabei ausschließlich auf jene gerichtet, die gegangen sind. Um die Gefühle der Trauernden kümmert sich in dieser Zeit niemand. Sogar die Tränen, die vergossen werden, weint man stellvertretend für die, die gestorben sind. Man weint, um ihnen, den Toten, den Schmerz des Abschiednehmens von der Erde abzunehmen. Man nimmt ihnen das Weinen ab, damit sie leichteren Herzens weiterreisen können.

Irgendwann, nach ein paar Stunden oder Tagen, ist das Schwellenritual für die Toten vollzogen. Für die Außenstehenden geht das Leben dann weiter wie zuvor. Und die Hinterbliebenen, die den Toten nahestehen? Sie werden nun eine Zeit lang aus der Gesellschaft ausgeschlossen. In

manchen Kulturen gelten sie in dieser Phase als unberühr-
bar. Sie sind in gewisser Weise vogelfrei.

Die Phase des Übergangs endet mit einem zweiten großen Ritual. Diesmal ist es den Hinterbliebenen gewidmet.
Nach abgelaufener Trauerzeit werden sie in einer Zeremo-
nie wieder offiziell in die Gemeinschaft aufgenommen. Für
die Trauernden heißt das: Jetzt geht das Leben weiter. Du
hast wieder dieselben Pflichten wie alle anderen, es gibt
keine Sonderbehandlung, du darfst dich nicht mehr aus
dem Spiel nehmen. Du gehörst wieder dazu. In der modernen Trauerwelt würde das heißen: Schau selbst, wie dein
Auto zum Service kommt. Putze selbst dein Klo. »Ich kann
nicht«? Nein, das gibt es nicht. Tu deine Arbeit und hör auf
zu jammern.

Dazugehören ist schön. Doch wer dazugehören will, muss
auch Verantwortung übernehmen. Gerade an romantischen Tagen neige ich gern dazu, dieses Detail zu übersehen. Ich frage mich: »Möchte ich tauschen? Möchte ich
nach Papua-Neuguinea ziehen und trauern, wie man es
dort seit vielen Generationen tut?« Wenn ich ehrlich bin,
bin ich ganz froh, dass ich in einer Welt lebe, in der es nicht
zu streng zugeht, in der man jammern und sich drücken
darf und in der Selbstmitleid nicht verpönt ist. Ich ziehe
den liebenswürdigen, herzlichen Haufen meiner Freunde
vor, die gemeinsam mit mir überfordert waren und gemeinsam mit mir nach besten Kräften improvisierten.

Wäre ich eine Eingeborene im Busch, hätte ich wahrscheinlich nach ein paar Wochen meinen Schwager heira-
ten müssen. Würde ich in Indien leben, wäre ich im
schlimmsten Fall mit meinem Mann verbrannt worden,
und zwar bei lebendigem Leib. So sehr ich dazu neige, über

mein unfreiwillig neues Leben und seine Herausforderungen zu klagen – im Grunde weiß ich, dass in ihm auch eine riesengroße Chance liegt und dass die Freiheit, die ich als Frau in einer modernen Welt habe, nicht zu verachten ist.

Und doch: Tief in mir wohnt ein archetypisches Wesen, das offenbar weiß, wie die Rhythmen der Trauer funktionieren. Intuitiv hat sich meine Seele geholt, was sie brauchte. Wenn ich heute zurückdenke, kann ich in vielem, was scheinbar chaotisch war, tatsächlich eine Art innere Ordnung erkennen. Was brauchen wir in der Trauer? Vielleicht kann der Blick auf die uralten Rhythmen helfen, diese Frage noch einmal neu zu betrachten.

Die alte Buschfrau, die wohl seit Urzeiten in mir wohnt, hat sich erst einmal Zeit genommen, mit den Toten zu kommunizieren. Sie hat ihre drei Engel begleitet, so lange, bis sie sicher sein konnte, dass diese gut angekommen waren in ihrer neuen Welt. Meine Freunde verstanden das Programm und die Aufgabe, die ich da übernahm, ebenso intuitiv wie ich. In der ersten Zeit wurde ich tatsächlich lückenlos versorgt, wie eine junge Mutter im Wochenbett oder wie eine Priesterin, die in der Halbwelt zwischen Leben und Tod wichtige Aufgaben erledigte und sich nicht um Irdisches kümmern konnte.

Nach ein paar Wochen kehrte ich langsam zur Erde zurück. Ich gewöhnte mich wieder daran, selbst für die alltäglichen Dinge meines Lebens zu sorgen. Ich brauchte kein Gulasch und keine Putzfrau mehr, obwohl ich mich natürlich weiterhin über jede Zuwendung freute. Doch das Überleben war nun nicht mehr mein größtes Problem. Man atmete auf. Manche dachten vielleicht, dass ab nun langsam alles besser werden würde. Ich selbst glaube heute, dass meine eigene Trauer an diesem Punkt erst wirklich begann.

Wenn ich daran denke, wie es nach den ersten entrückten, »gehimmelten« Wochen weiterging, verstehe ich ganz gut, warum man in den indigenen Kulturen die Trauernden eine Zeit lang von der Gemeinschaft fernhält. Ich glaube, in den Monaten, die meinem absoluten Rückzug folgten, hätten mich auch manche meiner Freunde gern in die Wüste geschickt. Ich ging durch Höhen und Tiefen und vor allem: durch viele Extreme. Was brauchte, was wollte ich jetzt? Wer mich fragte, bekam hochtrabende Antworten. Ich brauchte nicht ein bisschen Ruhe, nein, ich wollte »für immer schlafen«. Dann wieder träumte ich davon, kraftvoll loszumarschieren, geradeaus, und einfach »immer weiterzugehen«. Ich wollte alles »für immer so lassen, wie es ist«. An anderen Tagen hatte ich das Gefühl, alles rausschmeißen zu müssen, damit ich endlich in einer völlig leeren Wohnung sitzen und Frieden finden könnte. Ich wollte »nie wieder etwas essen«, »nie wieder in den Urlaub fahren«, und mich »nie, nie wieder verlieben«. Dann wieder wollte ich kündigen, ganz weit wegziehen und noch einmal ganz von vorn beginnen. Das alles verkündete ich im Brustton der Überzeugung.

Diese Extreme fühlten sich für mich ganz natürlich an. Erst die Reaktionen meiner Freunde zeigten mir, wann ich die Grauzone der Normalität wieder einmal zu verlassen drohte. War ich verrückt? Nein, ich glaube, ich war nur aus der Balance geraten. Ich brauchte die Extreme. Ich wollte richtig arm, richtig traurig, richtig mutig und richtig verzweifelt sein. Ich brauchte das, um mich selbst zu spüren. Wenn ich heute in Internetforen stöbere, in denen Trauernde Trost und Gemeinschaft suchen, erinnern mich viele der

Kommentare an diese Zeit, die auch ich durchgemacht habe. Die Extreme finden sich auch hier – vielleicht gerade hier, im Internet, weil das reale Umfeld nichts anderes mehr als Kopfschütteln zu bieten hat.

Vor vielen Jahren, noch in meinem früheren Leben, hatte ich einen Clownlehrer, der einen Workshop zum Thema Gefühle gab. Wir übten mit ihm, als Clowns traurig zu sein, wütend, fröhlich, ängstlich oder verliebt. Dabei tasteten wir uns an den Rand dessen heran, was gerade noch geht. Wir fühlten wie kleine Kinder, mit Leib und Seele, mit Haut und Haar. Er feuerte uns an. »Mehr, mehr! Ärgere dich mehr. Noch mehr! Du musst dich so sehr ärgern, dass dir der Ärger richtig Spaß macht!«

Nun, in der Zeit der Extreme, steigerte ich mich ebenso enthusiastisch in meine Gefühle hinein, wenn auch nicht bewusst. Ich fühlte wie ein dreijähriges Kind. Wie ein Clown. Oder eben … wie ein ganz normaler Mensch, der keine Kraft hat, die Balance zu halten, weil das Gewicht der Trauer an ihm hängt und die Fliehkraft jeder kleinen Bewegung verhundertfacht. Extreme Gefühle, gewagte Pläne. Himmelhoch jauchzend, zu Tode betrübt. Wäre ich eine indianische Witwe, hätte ich mich in dieser Zeit vermutlich dem Steppenwind anvertraut. Er hätte nicht besorgt die Stirn gerunzelt oder »Ja, aber …« gemurmelt. Er hätte mich einfach gewähren lassen. Hätte so lange zugehört, bis ich wieder zur Ruhe gekommen wäre, immer wieder, ganz von selbst, so lange, bis ich wieder elastisch genug war, das Leben in all seinen Widersprüchen und Kompromissen auszuhalten.

Auch ich, die moderne Frau, die nicht in der Steppe saß, sondern in einem Haus mit Garten am Rande der Stadt, brauchte in dieser Zeit der Extreme vor allem geduldige

Ohren, die mich gewähren ließen. Menschen, die mir Rückenwind schenkten, da, wo meine Gedanken und Gefühle sich überschlugen. Ich wollte ernst genommen werden. Sehr ernst. Natürlich wollte ich kündigen. Natürlich wollte ich den Jakobsweg gehen, am besten gleich dreimal hin und zurück. Ich wollte nicht darüber diskutieren, ich wollte nicht, dass man mir widersprach. Ich brauchte Bestätigung und Ermutigung, in Katastrophenszenarien, aber auch im Blödsinn, auch im Übermut. Ich brauchte Rückhalt, nicht in dem, was ich sagte, sondern in dem, was ich war. Eine Frau im Sturm. Eine Frau, die keinen Plan hatte. Ich wollte in diesem Chaos nicht alleingelassen werden. Es war gar nicht nötig, dass man mich verstand – ich verstand mich ja selbst nicht. Ich brauchte Menschen, die gut bei sich bleiben konnten, ohne sich mit mir zu verstricken.

Ich habe eine Freundin, deren erster Freund sich das Leben genommen hat, als sie siebzehn war. Nie werde ich vergessen, was sie bei unserem ersten Treffen nach dem Tod meiner Familie mit ernstem Gesicht zu mir sagte. »Erstens: Du wirst zunehmen. Viel. Sehr viel. Es ist okay. Zweitens: Versprich mir, dass du in den nächsten zwölf Monaten nichts zusagst, was über den nächsten Tag hinausgeht. Und bitte, unterschreib keine Verträge!«

Bis heute bin ich zwar noch nicht aus allen Nähten geplatzt – ich gehöre zu den Menschen, die im Kummer eher das Essen verweigern –, es ist aber auch gar nicht wichtig, ob sich die Prognose meiner Freundin bestätigt hat. Was wirklich zählte: Da war ein Mensch, der mir eine offizielle Erlaubnis gab. Ich durfte dick werden. Ich durfte nicht wissen, was ich brauchte. Ich durfte wechselhaft sein. Ja. Genau diese Erlaubnis brauchte ich. Dringender als alles andere.

»Unterschreib keine Verträge.« Ein Spaß? Nein, hinter diesem Rat steckt ein ernster Hintergrund. Schon damals, im Kaffeehaus, wusste ich, was meine Freundin meinte. Die Zeit der Extreme ist im besten Fall eine Zeit, in der wir Narrenfreiheit genießen. Wir selbst sollten uns dessen bewusst sein, dass wir tatsächlich nicht ganz zurechnungsfähig sind. Der Rat meiner Freundin war wertvoll. Leider folgte ich ihm nicht immer. Ich mietete eine Wohnung, die mir nicht gefiel, weil ich glaubte, es in meinem Haus nicht mehr auszuhalten. Ich begann eine Ausbildung, die ich nach kurzer Zeit wieder abbrach. Ich gab Geld aus, weil ich mir von gewissen Dingen Glück versprach und glaubte, sie unbedingt zu brauchen. Ich kaufte Bücher, Kleider, Möbel – vieles davon landete bald wieder auf dem Müll.

Die Zeit hat vieles in Ordnung gebracht – sogar meinen Kontostand, Gott sei Dank. Ich bin froh, dass die turbulente Zeit irgendwann wieder zu Ende ging. Es fiel mir nicht leicht, mich aus diesem vogelfreien Zustand zu lösen. Er brachte mir zwar viele Scherereien, hatte aber auch Vorteile. Nie in meinem erwachsenen Leben habe ich mehr ausprobiert, mehr erfahren, intensiver gelebt.

Gibt es auch in unserer Kultur ein Schwellenritual, das uns aus dem Zustand der Unberührbarkeit entlässt? Ein Ritual, das uns zwingt, wieder zu einem vollwertigen Mitglied der Gemeinschaft zu werden? Nein, man zündet uns kein Feuer an. Niemand schlägt die Trommel, man deckt uns keinen Festtagstisch. Und doch gibt es Signale, die uns daran erinnern, dass wir irgendwann wieder echte Verantwortung für uns und unser Leben übernehmen müssen. Die

Codes, die unsere Freunde aussenden, sind manchmal verschlüsselt. Aber wir erkennen sie doch ganz deutlich. Unverständnis, Ungeduld, harte Worte: So verkleiden sich die Rufe, die erschallen. Es ist an der Zeit, ins Leben zurückzukehren. Müssen wir deshalb aufhören zu trauern? Nein. Es bedeutet nur, dass die Frage, was wir brauchen, noch einmal eine neue Bedeutung bekommt.

Was brauche ich, um physisch zu überleben? So lautete die Frage der ersten Zeit. Dann die nächste Frage: Was brauche ich, um den Sturm meiner Gefühle sicher und geborgen zu überstehen? Nun, an der Schwelle zu dem, was man ein normales, verantwortungsvolles Leben nennt, taucht die dritte Frage auf: Was brauche ich, um wieder glücklich und zufrieden mit meinem Leben zu sein? Die Antwort auf diese Frage kann uns niemand abnehmen. Es wird an uns liegen, sie zu finden, und wir werden eine ganze Weile, vielleicht viele Jahre lang damit beschäftigt sein. Unsere Freunde waren da, um uns in der ersten Zeit der Trauer zu helfen, sie haben uns ausgehalten, auch im Sturm. Das war angenehm, aber auch anstrengend, denn in den verteilten Rollen begegneten wir uns nicht auf Augenhöhe. Irgendwann sehnen wir uns selbst nach Veränderung. Das Schwellenritual, das uns daran erinnert, dass die Zeit der Schonung zu Ende geht, kommt in kleinen Dosen. Kleine, magische Sprüche erschallen. Sie sind uns nicht angenehm, manchmal wirken sie fast erbarmungslos: »Jetzt ist es aber wirklich Zeit, dass du wieder normal wirst.« – »Trauerst du denn immer noch?«

Ich erinnere mich an den Tag, an dem auch mein Lebensgefährte eine deutliche Grenze zog. Wir waren zu einer Wanderung mit Freunden verabredet, doch ich hatte verschlafen und fühlte mich nicht in der Lage, mich zu hetzen. Wir hatten es eilig, mein Partner drängelte und war unzufrieden mit mir. Und schon war ich in Tränen aufgelöst. Ich weiß nicht mehr genau, wie ich argumentierte, aber irgendwie schaffte ich es, alles so zu drehen, dass ich die Arme, das Opfer war. Warum? Weil meine Familie tot war. Weil ich keine Kraft zum Leben hatte. Weil mir einfach alles zu viel war, jetzt, heute und … eigentlich immer. »Lass mich in Ruhe, ich will sterben«, heulte ich. Und da fiel der Zauberspruch.

»Ich weiß, dass es dir nicht gut geht. Aber nur weil du trauerst, hast du nicht immer recht. Ich will wandern gehen, und auch ich habe das Recht, etwas zu wollen. Es geht nicht immer nur um dich. So. Und jetzt komm.«

Die Sätze, die das Ende der Schonzeit verkünden, klingen scheinbar brutal. Doch was ist es wirklich, was hier geschieht? Ich glaube, es ist ein wichtiger Prozess. Die Menschen, die uns lieben, strecken die Hand nach uns aus. »Wir wissen, dass du vieles brauchst. Aber auch wir brauchen dich«, rufen sie uns zu. »Wir brauchen nicht nur deine Trauer. Wir brauchen dich in deiner Kraft, in deiner Freude, in allem, was du bist.«

Wir müssen diese Rufe nicht sofort hören. Es liegt an uns, wann wir über die Schwelle gehen. Doch auf Dauer funktioniert es nicht, sich in der Stille zu verkriechen. Die Musik des Lebens will gehört werden. Auch wenn sie uns nicht immer gefällt. Auch wenn sie manchmal kreischt. Sie gehört dazu.

Was brauchen wir? Unsere Freunde weisen uns darauf hin. Wir brauchen Hilfe, aber wir brauchen auch das Nein, die Grenze. Da, wo wir zurückgewiesen werden, könnten wir uns geehrt fühlen: Man traut uns wieder zu, für uns selbst zu sorgen. Man nimmt uns wieder auf in die Gemeinschaft der Suchenden, Tanzenden, Ratlosen. Auf Augenhöhe. Als Teil des chaotischen Haufens der ganz normalen Menschen, in dem wir jetzt wieder willkommen sind.

Ich habe gelernt

Ich habe gelernt,
zu sagen,
was ich will.

Leider
hat es funktioniert.

Jetzt wartet
man auf
Befehle.

Bereit zu rennen,
bereit zu geben,
zu folgen,

für nur
ein bisschen
Dankbarkeit.

Jetzt habe ich nur noch
einen letzten Wunsch.

Bitte.
Hört meinen Willen,
ertragt seinen Lärm,
bitte lächelt im Sturm
und macht dann,
aus vollem Herzen,
was ihr wollt.

Bin das jetzt ich?

»Ich weiß, das klingt jetzt hart. Aber der Tod Ihrer Familie interessiert mich nicht mehr. Jedenfalls nicht für die nächste Zeit. Ich möchte nach vorn schauen. Ich möchte gemeinsam mit Ihnen herausfinden, wer Sie jetzt sind.«

Es war etwa drei Jahre nach dem Tod meiner Familie, als meine Therapeutin das zu mir sagte. Seit ich Heli, Thimo und Fini verloren hatte, ging ich regelmäßig zur Therapie. Es tat mir gut, in meinem Schmerz nicht allein zu sein und einen neutralen Begleiter an meiner Seite zu haben, dem ich die Ohren volljammern durfte, ohne dass ich mir Sorgen machen musste, dass ich seine Geduld überstrapazierte. Ich liebte es, am Ende der Stunde einen Geldschein auf den Tisch zu legen und quitt zu sein.

Meine Freunde, mein Partner, sie ertrugen viel, aber mein Instinkt riet mir, mein Umfeld nicht über die Maßen zu strapazieren. Ich konnte mich für die Zuwendung nicht erkenntlich zeigen, konnte mich nicht revanchieren, dafür war ich immer noch zu schwach und zu konfus. Dieser Umstand bedrückte mich. Ich nutzte die Therapie, um uns alle zu entlasten.

In der ersten Zeit war ich bei einem Körperpsychotherapeuten gewesen, der mich dabei unterstützte, mich wieder zu spüren und die Signale meines Körpers zu verstehen. Er half mir, mit dem Schmerz umzugehen und die Panik abzulegen. Als das immer besser gelang, suchte ich nach einer neuen Begleitung. Die Fragen, die mich beschäftigten, gingen tief. Ich fühlte mich gestärkt, ich wollte leben. Und ich merkte: Es reichte mir nicht mehr, irgendwie durchzukommen. Ich wollte mehr. Ich wollte mich wiederfinden, die Trauer ablegen, um wieder ganz ich selbst zu sein. Die analytische Therapie nach C. G. Jung schien mir dafür bestens geeignet. Ihr Ziel ist die Individuation. Ich wusste nicht ganz genau, was das war. Aber ich versprach mir sehr viel von diesem Wort. Individuation, das hörte sich an wie ein Weg zu sich selbst. Und genau da wollte ich hin.

Meine Theorie sah so aus: Ich selbst war eigentlich ein ganz wunderbarer Mensch. Zuvorkommend, intelligent, lustig, fleißig, praktisch veranlagt und – neuerdings – sogar ein bisschen weise. Ich hatte nur ein Problem: die Trauer. Sie war schuld daran, dass nicht alles so lief, wie ich es gern hätte. Sie machte mich müde, sie hinderte mich daran, mich zu konzentrieren, sie brachte mich dazu, mich wochenlang zurückzuziehen und mich nicht einmal bei meinen besten Freunden zu melden. Die Trauer hatte mich dünnhäutig und schwach gemacht, und sie hatte mich immer noch im Griff. Ich saß in Therapie, weil ich hoffte, dass ich meine Trauer und alles, was zu ihr gehörte, eines Tages hier zurücklassen könnte. Irgendwann würde ich fertig sein, die Tür schließen und gehen. Dann würde ich endlich wieder die sein, die ich eigentlich war.

Seit vier Monaten kam ich nun jede Woche in die Praxis meiner neuen Begleiterin, um nach mir, der Frau abseits der

Trauer, zu suchen. Doch seltsam: Seit vier Monaten sprach ich in den Stunden fast ausschließlich über den Verlust meiner drei Liebsten. Irgendetwas in mir fand das sogar logisch. Ich war hier, um die Trauer loszuwerden. Also musste ich über sie sprechen, ihre Dynamik verstehen. Nur so konnte ich mich von ihr befreien.

Ich malte Bilder von wunderschönen Blumen, an deren Wurzeln ein schwarzer Parasit hing. Ich sprach von wilden Drachen in meinem Bauch, von Sümpfen, durch die ich watete, in der Hoffnung, das andere Ufer zu erreichen. Ich fand viele Bilder für meine Trauer. Ich brauchte sie als Sinnbild für alles, was ich an mir nicht mochte.

Meine Therapeutin hatte mir lange zugehört, doch nun fand sie es offenbar an der Zeit, einzugreifen. Sie forderte mich dazu heraus, den Scheinwerfer meiner Aufmerksamkeit zu verschieben. Ich glaube, sie hatte mich durchschaut. Sie hatte erkannt, dass ich hinter der Trauer um meine Familie in Deckung ging, um mich vor dem Leben zu verstecken. Sie wusste: So würden wir nicht weiterkommen, wenn wir herausfinden wollten, wer ich war.

Ihre Diagnose tat weh. Es fühlte sich an, als ob sie mir ein Pflaster von der Haut zog an einer Stelle, wo besonders viele feine Härchen wachsen. Ich wusste nicht, ob ich bereit war, unter das Pflaster zu schauen. Noch immer führte ich ein Leben im Schongang, im Bewusstsein meiner Wunden. Ich redete mir ein, dass alles gut sein würde, wenn die Verletzung endlich verheilt war. Irgendwann.

»Ich bin einfach noch nicht so weit.« – »Es geht mir gerade nicht so gut.«

Wie oft habe ich diese beiden Sätze ausgesprochen oder in mein Handy getippt. Diese Erklärungen mussten immer herhalten, wenn ich von irgendetwas überfordert war –

und überfordert war ich seit dem Tod meiner Familie ziemlich oft: von Verabredungen, von anspruchsvollen Agenden, vom Kochen und Einkaufen, von Einladungen, Anfragen, Anrufen und Mails, von zu späten Abenden und zu frühen Terminen. Wenn ich ehrlich bin: von allem, was mir gerade keinen Spaß machte und ein bisschen unangenehm war. All das schob ich auf den Tod meiner Familie. Er hatte mich k.-o.-geschlagen, hatte mich brutal außer Gefecht gesetzt. Es war wirklich schlimm. Aber manchmal auch ganz praktisch. Denn immerhin: Mein Schicksal gab mir recht. Es brachte die anderen dazu, mir verständnisvoll und geduldig zu begegnen. Das klappte immer. Jedenfalls immer bis zu dem Moment, an dem ich wieder begann, mich wie ein halbwegs normaler Mensch zu verhalten.

»Geht es schon besser?« Diese Frage brachte mich zur Verzweiflung. Wann immer ich sie hörte, rutschte mir das Herz in die Hose. Am liebsten hätte ich mich gleich wieder versteckt, im Bett, hinter einem Berg von Taschentüchern oder am besten auf dem Friedhof. Warum nicht gleich im Sarg?

Dabei wollte ich doch so gern wieder mitspielen. Ich wollte die Verantwortung für mich übernehmen, doch ich wusste noch so wenig über mein neues Ich. Ich kannte die Fassade, doch es kam mir so vor, als wäre ich ein Haus in einem potemkinschen Dorf. Wer ich im Inneren, wer ich *wirklich* war? Oft spürte ich nichts als gähnende Leere oder einen Wirbelwind, der nicht zu fassen war. Die einzigen Konstanten waren der Tod meiner Familie, die Trauer und die Sehnsucht. Aber sonst? Es machte keinen Spaß, meine Freunde und mich weiter zu vertrösten. Doch konnte ich schon einstehen für diese Frau, die immer noch ein wenig seltsam war? Einstehen für mich und all meine neuen Bedürfnisse, für meine Schwächen und Fehler?

Bis heute befinde ich mich im Prozess, die Pflaster zu lösen. Immer noch gibt es Narben, die ich nicht akzeptieren will. Narben, die ich verstecke, um glauben zu können, dass alles heilen wird, womit ich noch nicht umgehen kann. Der Prozess der Befreiung ist fragil. Da, wo Wunden verheilen, ist die Haut rosarot und zart. Wenn ein Pflaster abgezogen ist, spüre ich eine Zeit lang jeden Lufthauch. Ich fühle mich verletzlicher als je zuvor. Wie heißt der leise Luftzug, der um meine Wunden streicht? Ich glaube, es ist der Wind der Verantwortung. Wo ich mich nicht mehr verstecke, fordert mich das Leben heraus, für mich selbst einzustehen. Bin ich bereit, mich zu zeigen?

Wer bin ich jetzt? Bis heute bin ich nicht ganz sicher, wie die neue Antwort auf diese Frage lautet. Und ich gestehe: Noch immer schiebe ich dem Tod ganz gern die Schuld dafür zu. Ich habe ihm vieles verziehen. Ich grolle nicht mehr, weil er meinen Mann und meine Kinder sterben ließ. Ich glaube, er hat ihnen nicht wirklich etwas Böses angetan, als er sie in den Himmel schickte.

Ich sehe dem Tod auch nach, dass er mich in Schmerzkrämpfe und Phasen der kraftlosen Leere gestoßen hat. Ich habe diese Phasen überlebt, das hat mich stärker gemacht und mir viele Ängste genommen. Ich weiß heute, dass auch die schlimmen Tage vorübergehen, dass meine Lebenskraft wiederkommt, auch wenn ich selbst nicht immer verstehe, warum, und dass mein Körper in der Lage ist, den Schmerz der Trauer durchzustehen. Ich weiß sogar, dass mein Herz ganz bleiben kann, selbst wenn es tausend Mal bricht, und ich habe gelernt, dass ich auch in extremen Situationen für mich selbst sorgen kann.

Viele trauernde Menschen berichten davon, dass sie in der Trauer gewachsen sind. Der Tod geliebter Menschen schenkt uns eine ganz bestimmt Art der Stärke, für die uns manche sogar bewundern. Ich danke dem Tod für diese Lektionen. Doch ich würde ihn zu gern fragen, ob er weiß, wie es sich anfühlt, wenn man an ganz normalen, schmerzfreien, lebendigen Tagen in den Spiegel schaut und immer noch keine Ahnung hat, wer man nun, nach all diesen Strapazen, eigentlich ist. Kann er sich vorstellen, dass die schlimmste Herausforderung der Trauer nicht dort liegt, wo man beinahe untergeht, sondern da, wo man endlich beginnt, sich kräftiger zu fühlen? Weiß er, dass man sich da, wo es nicht mehr um den Schmerz, sondern um das Leben geht, manchmal sehr einsam und von allen Engeln verlassen fühlt? Und weiß er, wie grausam es ist, wenn man irgendwann keine *Ausrede* mehr hat?

Die Pflaster zu lösen, das heißt: Inventur zu machen und Farbe zu bekennen. Es heißt, eine mutige Behauptung aufzustellen. »So bin ich jetzt eben.« Nicht mehr warten, nicht mehr darauf hoffen, dass alles, was man an sich selbst nicht mag, verschwinden wird.

»Sie warten nicht darauf, dass die Trauer vergeht. Sie warten auf das Paradies.« Mit diesem Satz hat meine Therapeutin eines der letzten Pflaster gelöst. Ich glaube, es war jenes, das quer über meinen Augen lag. Und wieder einmal wusste ich, sie hatte recht. Wie gern wollte ich glauben, dass der Schmerz sich gelohnt hatte. Ich wollte ein besserer Mensch sein, als Belohnung für alles, was ich durchgemacht hatte. Mit dieser verbesserten Version meiner selbst wollte ich nicht zuletzt meine Freunde belohnen, die sich so für mich eingesetzt und die Macken meiner Trauerzeit er-

tragen hatten. Man hatte mich lange mit Samthandschuhen angefasst, hatte mich hofiert wie eine Königin und versucht, mir jeden Wunsch von den Lippen abzulesen.
Welchen Preis würde ich dafür zahlen müssen? Die An-
sprüche, die ich an mich selbst stellte, waren hoch. Zu
hoch. Nur in meinem Tagebuch fand ich Worte. Das, was
ich mir selbst kaum eingestehen konnte, verkleidete ich erst
einmal in ein Gedicht.

> Der König ist genau wie du,
> mal elend und mal gut gelaunt,
> und wenn du fragst, woher ich's weiß:
> Er selber hat's mir zugeraunt.
>
> Der König ist der Krone müd,
> er hat zu viel versprochen.
> Er sitzt im eigenen Verließ
> erschöpft bis in die Knochen.
>
> Der König ist der Krone müd
> und hofft nur, dass man ihn befreit
> aus seiner eigenen Geschichte,
> aus seinem selbst gemachten Leid.

Würde ich heute, nach sechs Jahren, eine Inventur meiner
Trauer erstellen, könnte sie so lauten: Ich denke, ich bin
großherziger geworden. Gelassener und viel geduldiger. Ich
sehe die Welt mit anderen, liebevolleren Augen, und ich
nehme mehr Details als früher wahr. Es gelingt mir immer
besser, Menschen nicht zu verurteilen, auch wenn sie sich
in meinen Augen noch so dumm verhalten. Ich habe gelernt, zu verzeihen oder, wenn das schwierig ist, wenigstens
zu warten, bis sich neue Perspektiven einstellen. »Urteile
über niemanden, in dessen Mokassins du nicht einen Mond

lang gegangen bist«, diese indianische Weisheit hat sich durch all meine Tränen in meine Seele eingebrannt. Ich habe neue Talente entdeckt. Ich bin offener und empfindsamer geworden.

Doch auch meine Schrullen sind nicht zu übersehen. Ich bin nicht mehr so gut darin, mich zu konzentrieren. Ich werde fahrig, wenn ein Telefonat mehr als zehn Minuten dauert. Ich habe eine Allergie gegen Small Talk entwickelt. Meine Intelligenz hat sich verändert, ich weiß nicht, ob zum Guten oder zum Schlechten. Meine Gedanken haben einen stärkeren Drall in Richtung Tiefe bekommen. Breit gefächerte Aufmerksamkeit, Multitasking, schnelle Entscheidungen, das liegt mir nicht mehr. Überdies werde ich panisch, wenn ich explizit aufgefordert werde, verbindlich zu sein, und wenn es nur einen Termin am nächsten Tag betrifft.

Ich erinnere mich an einen Streit, den ich mit dem Leiter einer Ausbildung hatte, als diese kurz vor dem Abschluss stand. Ich war gerade in einer Phase, in der ich gewissenhaft übte, es mir gut gehen zu lassen. Selbstfürsorge, ein Schlüsselwort, wenn es um Trauer geht – ich nahm diese Aufgabe sehr ernst und war stolz darauf, wie gut ich gelernt hatte, für mein Wohlbefinden zu sorgen. Nun hatte ich ein paar Kurstage geschwänzt, ohne mich zu entschuldigen. Ich hatte es mir richtig gut gehen lassen, zum ersten Mal seit langer Zeit. Da musste mir doch jeder gratulieren, oder? Mein Lehrer gratulierte mir nicht. Im Gegenteil: Er wies mich streng darauf hin, dass ich keinen Abschluss machen könne, wenn ich noch öfter fehlte. »Du bist in letzter Zeit unkonzentriert, nicht greifbar. Und einfach nicht zuverlässig«, sagte er. Ich ging ein wie ein aufblasbarer Badedelfin, dem man den Stöpsel herausgezogen hatte.

Unzuverlässig? Ich?! Dieses Urteil erschütterte mich bis ins Mark. Ich schluchzte den ganzen Vormittag und konnte einfach nicht aufhören. Das Weinen hatte sich verselbstständigt. Meine Kolleginnen sorgten sich um mich, und in der Pause wollten sie wissen, was ich hatte. *Retraumatisierung* las ich in ihren besorgten Blicken. Wir hatten das gerade in Psychologie gelernt. Ich glaube, sie rechneten mit schrecklichen Flashbacks, mit inneren Filmen vom Unfalltag, ausgelöst durch irgendeine Sirene, die sie überhört hatten, oder durch einen flüchtigen Schatten an der Wand.

»Was ist denn los?«, fragten sie besorgt. Ich erzählte vom Konflikt mit unserem Lehrer und hoffte auf Verständnis und geschlossene Solidarität. Doch die Reaktion meiner Kolleginnen fiel anders aus. »Ach so, du hast nur ganz normalen Stress. Na ja. Schau halt, dass du nicht mehr so oft fehlst«, rieten sie mir achselzuckend. Damit war die Sache für sie erledigt. Für mich fühlte es sich an, als säße ich in einem Erdloch, dessen Boden sich nun auch noch in Treibsand verwandelt hatte. Doch es war nicht möglich, mich zu erklären.

Manchmal frage ich mich, wie es wäre, wenn man im Trauerfall ein offizielles Geschenkpaket erhielte, so wie es oft bei der Geburt eines Kindes üblich ist. Wir bräuchten natürlich keine Windeln und kein Milchpulver. Astronautennahrung vielleicht, für die Tage, an denen wir nicht aus dem Bett kommen. Aber vor allem: ein paar T-Shirts mit Aufdruck. Sie könnten uns helfen, gewisse Dinge klarzustellen. *Unfreiwillig auf Selbstfindungstrip.* Zu diesem T-Shirt würde ich bis heute ab und an gern greifen. *Fröhlich, stark – und trotzdem sehr bedürftig.* Auch dieser Slogan gefiele mir. Oder: *Self in Progress*. Das trifft es wohl am besten.

Vielleicht trägt der Tod deshalb so gern Schwarz, weil er uns, die wir überleben, mit unseren dunklen Seiten konfrontiert. Wenn ich es mir recht überlege, habe ich den Tod noch nie von hinten gesehen. Vielleicht ist sein Rücken ja strahlend weiß. Die, die er holt, folgen ihm ins Licht. Wir hingegen müssen dem hässlichen Kerl ins Gesicht schauen, oder vielmehr auf die Kapuze, die seine Züge verhüllt. Ist es unsere Aufgabe, die Haube zu lüften und schließlich uns selbst ins Gesicht zu sehen?

Ich weiß nicht, woher der Brauch kommt, nach dem Tod eines nahestehenden Menschen schwarze Kleider anzuziehen. Als moderne junge Frau habe ich mich dagegen gewehrt, sogar am Tag der Beerdigung lud ich alle Besucher ein, in bunten Kleidern zu kommen. Doch heute frage ich mich, ob in der schwarzen Kleidung nicht auch ein Schutz liegt. Eine stille Botschaft. »Ich bin noch nicht so weit, wieder Farbe zu bekennen.« Ein Farbcode aus einer Zeit, als es noch keine bedruckbaren T-Shirts gab?

Manchmal frage ich mich, ob es mir möglich wäre, das schwarze Trauerjahr nachzuholen, als eine Art Sabbatical, oder, besser noch, als Urlaub von mir selbst. Könnte ich ein solches Jahr verwenden, um mich von meinen Ansprüchen an mich selbst zu erholen? *Die Zeit heilt alle Wunden.* Es gibt viele Redewendungen, auf die ich allergisch reagiere, doch dieser stimme ich in gewisser Weise zu. Ich weiß zwar bis heute nicht, wie die Zeit ihr Werk vollbringt. Ich bin selbst überrascht, wie sie arbeitet, wie es ihr gelingt, Schmerzen abklingen zu lassen und neue Perspektiven aus dem Nichts hervorzuzaubern. Doch ich vertraue ihr und betrachte sie gern als meine Verbündete.

Zeit, ich gebe dir alle Zeit der Welt. Wirst du alles heilen, was mir an mir selbst nicht passt? Die Zeit sieht mich freundlich an. Ihre Antwort ist mild, aber bestimmt. *Wer hat denn das Recht zu urteilen, was gut ist und was schlecht? Willst du die eine Seite haben, ohne die andere anzunehmen? Und glaubst du immer noch, dass früher tatsächlich alles besser war? Deine Erinnerung trügt. Du hast dich entwickelt, ja. Aber wer sagt, dass uns die Entwicklung immer schneller, besser, freundlicher machen muss? Welchen Druck machst du dir nur. Entspanne dich. Und nimm dich so, wie du bist. Warte nicht auf Perfektion. Alles nimmt seinen guten Weg, alles ist gut.*

Gut? Sogar ein Ich mit Ecken und Kanten? Eine Barbara mit Schwächen und katastrophalen Ausfallserscheinungen? »Ich bin ganz schön seltsam geworden, aber eigentlich mag ich mich auch so.« Ist es wirklich möglich, sich mit diesem Gedanken anzufreunden? Warum nicht. Vielleicht gefällt das auch meinen Freunden besser als das Vertrösten auf später.

Ich kann es nicht leugnen: Die Trauer hat mich verändert, und dabei fielen Späne. Die Zeit hat mich geschliffen wie einen rohen Stein. Doch ich wurde nicht rund wie ein Kiesel im Fluss. Der Schmerz der Trauer hat etwas aus mir herausgeschält – etwas, das man an guten Tagen als Kristall bezeichnen könnte. Ich wurde durchsichtiger und klarer. Zerbrechlicher, so mag es auf andere wirken, doch ich glaube, der Schein trügt. Wie jeder Kristall habe auch ich scharfe Kanten. Kanten, mit denen ich manche verletze, wenn ich nicht vorsichtig bin. Je mehr ich mich an mich selbst gewöhne, umso dringender wird mein Verdacht: Ich glaube, es geht nicht mehr darum, die Kanten aufzuweichen. Es geht nicht darum, zum Kiesel zu werden. Es geht darum, als die zu leben, die ich heute bin. Ich versuche, ein würdiger Kristall zu sein. Wie? Indem ich freundlich bin, zu den anderen, aber auch zu mir. Freundlichkeit, das ist es, was ich geben kann, auch wenn ich Grenzen wahre, auch wenn ich Fehler eingestehe oder Bedürfnisse anmelde. In der Wahl meines Tones liegt meine größte, vielleicht meine einzige Macht.

Mittlerweile habe ich den Anspruch aufgegeben, mich ganz verstehen zu wollen. Ich lasse mich gern von mir selbst überraschen, und auch meine Freunde habe ich daran gewöhnt, dass ich nicht ganz berechenbar bin. Die meisten mögen mich trotzdem. Das zu erkennen war fast so schön wie das Paradies.

Im Grunde hatte ich schon früher, als ich noch Mama eines lebendigen Lausebengels war, einmal begriffen, dass es nicht immer darum geht, mich detailreich zu erklären. Damals legte ich großen Wert darauf, meinem Kind zu sagen, warum ich dies und jenes tat. Thimo hatte großes Talent, mich an strittigen Punkten in Gespräche zu verwickeln. Am Ende setzte er sich fast immer durch. Meine Erziehungsversuche versagten, mein lieber Sohn tanzte mir auf der Nase herum.

»Hör einfach mal auf zu reden und mach, was du für richtig hältst. Ich glaube, das ist für alle leichter. Auch für deinen Sohn.« Dieser Rat kam von Kornelia, Thimos Kindergärtnerin. Ich nahm mir fest vor, ihn auszuprobieren. Eines Abends, kurz nach dem Gespräch mit Kornelia, hatte Thimo Besuch von Alex, seinem besten Kindergartenfreund. Ich backte uns einen Kuchen. Gerade schob ich den Teig in den Ofen.

»Darf ich schauen?« Thimos schelmischer Blick, ich kannte ihn genau.

»Schauen, ja. Aber kosten darfst du nicht.«

»Klar. Versprochen.«

Dieses Grinsen! Ich wusste, was gleich kommen würde. »Thimo, wenn du vom Teig naschst, bekommst du heute keinen Kuchen.«

»Okay.«

Natürlich naschte er, der kleine Kerl. An anderen Tagen hätte ich geschimpft und dann eindringlich erklärt, warum rohe Eier ungesund sind. Thimo hätte sich mit großen Kulleraugen entschuldigt. Er hätte wieder einmal gelobt, es nie mehr zu tun, und seinen Kuchen schließlich doch bekommen. Heute probierte ich es mit Kornelias Strategie.

»Gut. Thimo bekommt also heute keinen Kuchen.«

»Was?!«

»Morgen dann, mein Schatz. Das ist das letzte Wort.«

Thimo tobte. Er brüllte wie am Spieß. Er konnte es einfach nicht glauben, aber ich blieb hart. Ich wollte wissen, ob Kornelia recht hatte. Ein paar Minuten später hörte ich, wie Alex im Nebenzimmer seufzte. »Thimo, mach dir nix draus. Meine Mama macht das neuerdings auch. Unsere Mamas sind jetzt eben so.«

Ich musste lachen. Offenbar hatte Alexanders Mutter auch Rat bei Kornelia geholt. Thimo kam noch einmal, um zu fragen, ob er tatsächlich keinen Kuchen bekommen würde. Ich bestätigte.

»Aber morgen schon, gell?«

»Ja. Schau, wir legen das Stück gleich zur Seite.« Damit war die Sache erledigt. Thimo kuschelte sich auf meinen Schoß und deckte sein Kuchenstück liebevoll mit einem Küchenhandtuch zu. So einfach konnte es also sein.

Ich weiß nicht, ob ich auf Dauer durchgehalten hätte. Thimo wurde nicht alt genug, um mir zu zeigen, ob meine neue Konsequenz Früchte trug. Ein paar Wochen nach dem Kuchentag war Thimo bereits tot. Was bleibt, ist die Erinnerung an Alexanders Trost, an einen wunderbaren Freund, der solidarisch an Thimos Seite stand. Es bleibt der Eindruck vom fröhlichen Frühstück am folgenden Tag, bei dem der Kuchen (und auch das zweite Stück) besonders gut schmeckte. Und die Erkenntnis, dass es nicht immer Erklärungen braucht, um einander zu verstehen. Manchmal reicht ein klares, verlässliches Wort, um zu sagen, was man will.

Ist das die Trauer oder bin das ich? Was wird bleiben, was wird sich noch ändern? Bis heute habe ich keinen Psychologen, keinen Psychiater und keinen Therapeuten gefunden, der mir das ganz genau sagen konnte. Es gibt Tage, da würde ich deshalb gern schreien und toben, wie mein Sohn, als er sein Kuchenstück nicht bekam. *Ich will mich zurückhaben. Ich will das Paradies. Ich will die, die ich sein will!* Die Frau ohne Fehler. Eine Frau, die ich, ehrlich gesagt, niemals war.

»Es ist schön, wenn Sie versuchen, heilig zu sein. An manchen Tagen gelingt das ja auch beinahe. Aber wissen Sie, wenn es nicht geht, ist es auch nicht schlimm. Es ist immer noch besser als scheinheilig zu sein.« Das hat mein früherer Therapeut zu mir gesagt. Heute weiß ich: Sich selbst zu finden, das verheißt nicht nur Wonne. Individuation, das ist nicht der Weg der Perfektion, sondern der Weg der Vollständigkeit. Stärken und Schwächen. Licht und Schatten. Zukunft und Vergangenheit – und irgendwo dazwischen, am wackligsten Punkt der Balance, das Jetzt. Es ist nicht zu greifen, nicht zu fassen. Es changiert wie ein edler Stoff. Wir werden niemals ganz genau wissen, ob unsere Schwächen nicht vielleicht unsere wahren Stärken sind. Wir werden nicht herausfinden, wann unsere Vergangenheit endet und wo die Zukunft beginnt. Wunden verheilen, andere kommen neu hinzu. Wenn wir uns dem Leben stellen, wird es immer wieder wehtun. Aber wir werden immer wieder auch gewinnen.

Ich bin, wie ich bin. Ich bin jetzt eben so. Was morgen kommt, was morgen anders ist, wer weiß das schon? Eines jedenfalls weiß ich gewiss. Selbst wenn wir nicht so gut sind, wie wir es gern wären: Auch für uns gibt es irgendwo ein Kuchenstück. Vielleicht ist es im Augenblick von einem Küchentuch überdeckt. Aber es kommt der Tag, an dem wir zugreifen dürfen. Wir haben es uns wirklich verdient.

Mein Glück

Mein Glück ist heute
ein schwarzer Kontrabass,

in dessen Saiten
das Leben dunkle Töne schlägt
mit klarem Rand.

Inmitten der Höhle
wiegt sich
ein Herz.

Kann ich jemals wieder glücklich sein?

Womit, wenn nicht mit dieser Frage, soll ich dieses Buch beenden? Worum sonst könnte es am Ende unseres Weges durch die Trauer gehen, wenn nicht um das Glück? Ja, genau: um das Glück. Ich mag dieses Wort so gern, dass ich es gleich noch einmal und immer wieder schreiben möchte. Das Glück.

Zugegeben: Es geht um ein Glück, das zunächst verloren scheint. Ein Glück, nach dem wir verzweifelt Ausschau halten und das uns manchmal wie ein Gast besuchen kommt, das wieder geht und das wir aufs Neue suchen, tapfer, zaghaft oder verbissen, immer wieder – so lange, bis wir uns eines Tages zu fragen beginnen, ob es denn jetzt für immer so sein wird: Bleibt das Glück ein Abklatsch von dem, das wir einst kannten? Ein nasser Fisch, der uns entgleitet, kaum dass wir ihn erwischt haben? Steht es uns neuerdings nur noch in kleinen Dosen zu, als dünner Sonnenstrahl, der die Wolkenmauer durchbricht, aber wie zum Hohn gleich wieder verschwindet? Wir wissen nicht, ob wir diesen Sonnenstrahl lieben oder hassen sollen. Er wärmt uns für einen Moment, doch er hinterlässt ein nagendes, brennendes Gefühl. Gerade weil er uns so guttut, erinnert er uns daran, dass früher doch alles ganz anders war. Denn früher, da war noch alles gut. Wir mussten uns nicht darum kümmern, wie wir das Glück festhalten sollten, damit es ein wenig länger blieb. Damals gehörte es ganz selbstverständlich zu uns. Doch dann kam der Tod. Und er stopfte unser Herz und den ganzen Himmel voll mit grauen Wolken.

Kann ich jemals wieder glücklich sein? Wenn wir uns diese Frage stellen, meinen wir nicht nur das kleine Glück eines Augenblicks. Nicht das stille Glück der Dankbarkeit oder das Entzücken, das uns erfasst, wenn uns ein plötzlicher Regenbogen überrascht. Für diese Varianten des Glücks sind wir neuerdings sehr empfänglich. Wir betrachten das als eine Art Bonus, aber auf Dauer ist es uns nicht genug. Wonach wir uns sehnen, ist das große, das echte, das wirkliche – *unser* Glück. Nicht eines, das nur zufällig über uns kommt und wieder verfliegt. Kein Glück, das wir erst erobern müssen. Auch keines, das uns nur geliehen ist, sondern ein Glück, das trägt und verlässlich hält. Ein Glück, das uns gehört. Es gab eine Zeit, da hat es schon einmal in unserem Herzen gewohnt. Wird es eines Tages wiederkommen?

Ja.

»Das letzte Kapitel wird ziemlich kurz werden. Zwei Buchstaben, mehr braucht es eigentlich nicht«, scherzte ich, als ich gemeinsam mit meinem Verleger den Aufbau dieses Buches besprach. »Kein Problem«, antwortete er. Er wusste genau wie ich, dass gerade die ganz kurzen Antworten erst dann ihre Berechtigung haben, wenn man sie auch erklären kann.

Ja. Es ist möglich, wieder glücklich zu sein. Das klingt wie ein Versprechen. Ich möchte es nur zu gern geben, jetzt, sofort – aber ich weiß, dass das vermessen wäre. Es könnte so klingen, als wäre ich in der Lage, eine Glücksgarantie mit Sofortwirkung zu geben. Doch ein Versprechen, so ernst es auch gemeint sein mag, kann niemals mehr als eine Absichtserklärung sein – oder so etwas wie ein Glaubensbekenntnis, da, wo es um Dinge geht, die nicht nur von uns und unserem Handeln abhängen. Wir versprechen so vieles, denn wir meinen es gut, und wir wünschen uns ja selbst, dass das, was wir in Aussicht stellen, tatsächlich in Erfüllung geht. Ja: Wir werden treu sein, für immer, auch an schlechten Tagen. Wir werden pünktlich sein, morgen um fünf, zum Kaffee. Versprochen. Keine Sorge, gewiss bringt dir der Weihnachtsmann das neue Fahrrad. Und bestimmt, ganz bestimmt tut das aufgeschürfte Knie morgen schon viel weniger weh.

Wirklich, ganz bestimmt?

Nein. Ich kann keinen Garantieschein für das Glück ausstellen. Und doch glaube ich fest daran, so fest, wie man nur glauben kann: Das Glück wird uns wiederfinden. Warum? Weil es sich ebenso sehr nach uns sehnt wie wir uns nach ihm. Die Gewissheit, die mich trägt, ist nicht aus der Luft gegriffen. Sie ist langsam gewachsen, auf dem Boden dessen, was ich erlebt habe und heute empfinde.

Ich kenne die glücklose Zeit nur zu gut. Ich weiß, wie es sich anfühlt, das Glück zu vermissen. Ich weiß, wie es ist, wenn die kleinen Geschenke des Lebens auf harten Boden fallen oder verdampfen wie Tropfen auf einem heißen Stein. Ich weiß, wie grau die Welt wird, wenn man sich vollkommen verschließt und gar nichts mehr entdecken kann, was Freude macht. Ich kenne auch die verbissenen

Tage, an denen man sich aufrafft, sein Glück selbst in die Hand zu nehmen, und ich kenne die Verzweiflung, die einen erfasst, wenn man merkt, dass man sich trotz aller Bemühungen immer weiter von dem, was man eigentlich suchte, entfernt. Und doch ...

Und doch bin ich heute an einem Punkt angekommen, an dem ich ohne Zögern sagen kann, dass ich wirklich glücklich bin. Es hat lange gedauert, bis es so weit war. Lange, das heißt nicht ein paar Wochen oder Monate, sondern ungefähr fünf Jahre. Ist das schlimm? Ich glaube nicht. Die Suche nach dem Glück ist eine ernste Angelegenheit. Sie sorgfältig zu gestalten braucht viel Zeit. Das Leben erlaubt uns diese Langsamkeit, immerhin haben wir – wenn alles gut geht – noch viele Jahre oder sogar einige Jahrzehnte vor uns, um die Suche zu vollenden. Das Ziel liegt dabei nicht an einem bestimmten Punkt in der Ferne. Es liegt längst in uns, jederzeit bereit. Der Weg mag lang sein. Weit ist er nicht.

Wir haben Zeit. Wenn es um die Suche nach einem neuen, tiefen Glück geht, kann man sich diese Erlaubnis gar nicht oft genug auf der Zunge zergehen lassen. Und von den vielen Aufgaben, die wir zu bewältigen haben, gehört diese vielleicht zu den schwersten: Erlauben wir uns selbst, uns diese Zeit zu nehmen?

Glauben Sie daran, dass Sie irgendwann wieder glücklich sein werden? Ich glaube, auch in Ihnen schläft ein kleines, zartes Ja. Irgendwo, vielleicht verschüttet, vielleicht beinahe verstummt, gibt es diese Stimme, die weiß, dass das Glück schon wartet, dass es freundlich ist und sehr geduldig. Viel lauter jedoch ist die Stimme der Angst. Sie entmutigt uns vor allem dadurch, dass sie uns zur Eile mahnt.

Werden wir schnell genug wieder glücklich sein? Das ist es, was uns am meisten quält.

Meine Trauer hat mich vieles gelehrt. Eine der wichtigsten Lektionen, die mich bis heute prägen und mein Leben unendlich leichter gemacht haben, war diese: Es geht nicht darum, möglichst rasch wieder zu funktionieren, schon gar nicht, wenn es um das Glück geht. Denn ich bin ein wertvoller Mensch, auch wenn ich gerade nicht glücklich bin. Ja: Mein Leben kann sogar dann zu einem gelungenen Leben werden, wenn ich – im schlimmsten Fall – nie wieder wirklich glücklich werden sollte.

Tatsächlich? Wie bin ich auf diesen verwegenen Gedanken gekommen? Ich glaube, es war mein Sohn Thimo, der mir diese Idee in den Kopf setzte. Ich erinnere mich an die vielen Tage, an denen mein kleiner Sohn sehr, sehr unglücklich war. Es waren – immer – die Montage. Montag war Waldtag im Kindergarten, den Thimo besuchte. Montags, da mussten wir, die erklärten Langschläfer, früh aufstehen. Kaum hatte ich Thimo im Kindergarten abgesetzt, hieß es Abmarsch. Neunzehn Paar Kinderbeine, begleitet von Kornelia und Maria, setzten sich in Bewegung, steil den Hügel hinauf. Ein strammer Marsch, zwanzig Minuten lang, bis zum kleinen Wald, der am Rand des Ortes lag. Für den dünnen, zarten Thimo, der viel lieber an Puzzles tüftelte oder Roboter zeichnete als draußen herumzulaufen, jedes Mal eine Bergbesteigung, die ihm das Äußerste abverlangte. Wenn es kalt war – also fast immer zwischen Oktober und Mai –, war es besonders schlimm. Denn Thimos Handschuhe hatten die seltsame Eigenschaft, sich in der Kindergartengarderobe zu verstecken und erst dann wieder aufzutauchen, wenn mein kleiner Bub mittags mit rot gefrorenen Fingern vom Ausflug zurückkam.

Ich wusste schon, was mich erwartete, wenn ich Thimo montags vom Kindergarten abholte. »Mama, es war total schrecklich!! Heute hab ich auch noch meine Jause vergessen und nur ein blödes Butterbrot bekommen. Und im Wald durften wir zehn Minuten gar nichts reden. Das war der allerblödeste Scheißwaldtag überhaupt. Ehrlich!«

Ich hörte zu, bis der Ärger langsam verrauchte, und musste nichts tun, außer mir das aufsteigende Lachen zu verbeißen, was manchmal gar nicht einfach war. Thimos Empörung rührte mein Herz. Doch ich hatte die Waldbeschwerden schon so oft gehört und wusste genau, dass mein Sohn mir wieder einmal nur die Hälfte der Geschichte erzählte. Seine Version: die unglückliche, ganz schreckliche Variante.

Von Thimos Freunden und von Kornelia, der Kindergärtnerin, erfuhr ich nämlich regelmäßig, was, abgesehen von all den Schrecklichkeiten, sonst noch im Wald vonstattenging. Da wurden Wigwams gebaut und umgefallene Baumstämme untersucht, man hielt Ausschau nach seltsamen Spuren und entdeckte wertvolle Schätze – Steine, Bucheckern, Kastanien, ja, sogar Speisepilze, die später gebacken wurden. Thimo war mit vollem Eifer dabei, und oft scharte sich um ihn eine Traube von Kindern, die ihn bewunderten und seinem selbstbewussten Kommando folgten. Für seine Freunde war Thimo ein Indianer, ein echtes Vorbild, ein Held.

Und doch macht das Thimos Seite der Geschichte nicht weniger wahr. Er blieb bis zum Schluss dabei: Er litt. Und der Wald war überhaupt nicht schön. Ich glaubte ihm. Es tat mir leid, dass er, der von außen betrachtet so kreativ und tüchtig war, selten Mitleid erntete, wenn er sein Leid klagte. Ich als seine Mama fühlte mit ihm, so gut ich konnte. Gut genug, so hoffe ich. Jedenfalls bin ich sicher, dass man dort, wo er jetzt ist, alles, wirklich alles versteht, was Thimo von seinen vielen Tagen im Wald zu erzählen hat. Auch das, wofür er selbst, als kleiner Bub, keine Worte fand.

Irgendwann werde auch ich in den Himmel fliegen. Ich stelle mir vor, wie man dort auf mich wartet, aufgeregt vielleicht und auf jeden Fall sehr, sehr neugierig. »Wie war's?«, wird man mich fragen, und ich werde eifrig erzählen. Wie die Geschichte meines Lebens lauten wird, weiß ich heute noch nicht. Im ungünstigsten Fall klingt sie so: »Es war wahnsinnig arg. Zuerst war ich Clown, aber dann ist ein riesiger Zug mitten in meine Familie gefahren und alle waren tot! Ich habe ein Buch darüber geschrieben, aber dann, irgendwann, konnte ich nicht mehr aufstehen, nicht mehr reden und nicht einmal mehr denken. Dann habe ich siebzehn Jahre lang im Bett gelegen, und noch einmal siebzehn Jahre lang war ich komplett unglücklich. Es war das schrecklichste Scheißleben überhaupt. Stellt euch vor!«

Egal, wie ich von meinem Leben berichten werde, ob ich es dereinst als Unglück deute, als Zumutung oder als Geschenk, es ist doch immer nur ein Ausschnitt der großen, ganzen, wertvollen Wirklichkeit. Mein Leben ist dann wertvoll, wenn ich es lebe, so gut ich kann. Ich brauche nur montags in den Wald zu gehen. Oder eben das zu tun, was gerade zu tun ist. Ich muss dafür aber nicht unbedingt glücklich sein. Es mag paradox klingen. Aber in der Tat lag der wichtigste Schlüssel zu meinem neuen Glück darin, dass ich aufhörte, das Glücklichsein von mir selbst zu verlangen.

Die Tür, die zwischen uns und unserem Glück liegt, mag manchmal wirken wie eine Tresortür mit sieben Siegeln, fest versperrt und nicht zu knacken. Noch schlimmer: Wann immer wir einen Schlüssel ansetzen und ihn beherzt drehen, scheint sich die Tür nur noch fester zu verschließen. »Das darf doch nicht wahr sein, gerade hat dieser Schlüssel doch noch gepasst!«, keuchen wir verzweifelt. Wir versuchen es weiter, mit aller Gewalt – so lange, bis wir nicht mehr können. Wir lassen den Schlüssel los und treten zurück. Genau in diesem Moment passiert etwas Unerhörtes: Das Schloss geht auf, wie von selbst. Wie bitte? Es muss ein Irrtum sein. Wir können es kaum glauben. Ein paar Mal müssen wir es erleben, ehe wir beginnen, den Mechanismus zu verstehen: Es gibt Schlösser, die öffnen sich dann, wenn wir aufhören, uns zu verbeißen. Sie reagieren nicht auf den Schlüssel, sondern auf den Druck in unserer Hand und in unserem Herzen, der sich endlich löst.

Nach und nach beginnen wir auf dieses Wunder zu vertrauen. Wir lernen, gewisse Strategien loszulassen, vor allem die der ängstlichen oder trotzigen Verbissenheit. Wir beginnen zu begreifen, dass wir nicht allein sind, und lernen, uns nicht mehr zu versteifen, sondern uns auf einen Zustand einzulassen, in dem wir einen Teil der Kontrolle aus der Hand geben.

Damit ist noch nicht die ganze, aber doch die wichtigste Arbeit getan. Denn erst in diesem gelösten Zustand ist es uns möglich, die neuen, kleinen, wertvollsten Schlüssel zu finden. Sie sind zart und filigran, schimmernd, wie aus Glas. Sie passen gar nicht zu der schweren Eisentür, die uns von unserem Glück zu trennen scheint. Niemals hätten wir sie entdeckt, als wir noch ächzten und stöhnten. Doch jetzt geben wir ihnen eine Chance. Und siehe da: Sie funktionieren. Nein, die Tür öffnen sie nicht. Sie ist ja gar nicht mehr versperrt, vielleicht war sie es niemals. Die feinen Schlüssel sind dazu da, etwas anderes aufzuschließen: unser Denken. Unsere Augen. Und unser Herz. Und erst wenn das geschehen ist, sind wir in der Lage, die Klinke zu drücken, die nicht auf Gewalt reagiert, sondern nur auf die sanfte Kraft, die aus der Milde erwächst.

Ich möchte Ihnen gern von den kleinen Schlüsseln erzählen, die ich in den letzten Jahren gefunden habe. Ich weiß nicht, ob meine Sammlung schon vollständig ist. Fast hoffe ich, dass ich noch weitere Schlüssel finden darf, auch wenn ich weiß, dass jeder von ihnen seinen Preis hat und nicht ohne Schmerz zu bekommen ist. Vier Schlüssel sind es, die ich bisher gefunden habe.

Ich will diesen letzten Teil meiner Erzählung mit vier Musikstücken verknüpfen, die mir sehr viel bedeuten. Sie bringen das, was ich im Sturm meiner Gefühle gelernt und verstanden habe, auf den Punkt, und weil es sie gibt, weil sie jemand geschrieben hat, darf ich sicher sein, dass ich mit meinem Blick auf die Welt des Glücks nicht allein bin.

Die Sprache der Musik ist mir vertraut, sie gehört zu mir, ebenso wie die Welt der Worte. Und weil ich weiß, dass wir – zumindest was dieses Buch angeht – bald voneinander Abschied nehmen werden, möchte ich versuchen, über die Musik eine Brücke zu bauen, die uns noch eine Zeit lang weiter verbindet. Vielleicht kennen Sie ein paar der Lieder, die mich inspirierten. Wenn Sie möchten, können Sie die anderen im Internet – auf YouTube oder iTunes – Probe hören, ob sie Ihnen gefallen.

Helene Blum: *Vil Du Som Jeg*

Verstehen Sie die Sprache? Nein? Das macht nichts. Ich spreche auch kein Dänisch. Vielleicht fragen Sie sich, warum gleich das erste Lied, auf das ich mich beziehe, fremd und unverständlich ist. Spricht das Glück denn nicht deutsch oder wenigstens englisch? Ja, das habe ich mich auch oft gefragt. »Kann der Himmel seine Botschaften denn nicht in großen Lettern an Hauswände schreiben, statt bloß hier und da kleine Andeutungen fallen zu lassen?«, seufzte ich oft. Mittlerweile habe ich begriffen, dass es gerade die kurzen, angeblich eindeutigen Ansagen sind, die am ehesten missverstanden werden. Gerade da, wo wir glauben, dass jeder genau das Gleiche versteht wie wir, werden wir am häufigsten enttäuscht. »Ich liebe dich« – gibt es tatsächlich zwei Menschen auf der Welt, die damit dasselbe meinen? Aber: Je weniger der Kopf versteht, umso größer ist die Chance, dass das Herz etwas begreift, das tiefer liegt als alles, was man zu wissen glaubt.

Vil Du Som Jeg. Bis heute habe ich keine Ahnung, was diese Worte bedeuten. Und doch spricht dieses Lied zu mir, seit ich es – zwei Jahre nach dem Tod meiner Familie – zufällig entdeckte. Obwohl ... nein: gerade weil ich seinen Text nicht verstehe.

Musik spielte in meinem Leben schon immer eine große Rolle. Mein Geschmack ist eindeutig – ich liebe romantische Balladen und langsame Songs mit Gitarrenbegleitung. Als meine Familie starb, konnte ich gerade die Art von Musik, die mich früher getragen, getröstet und glücklich gemacht hatte, nicht mehr ertragen. Egal, welches meiner früheren Lieblingslieder ich hörte, überall ging es doch nur darum, wie schön es war zu lieben. Nun, da ich einsam war, zerrissen mir diese Texte das Herz.

Meine Freundin Sophie hatte mir kurz nach dem Unfall eine CD von Reinhard Mey geschenkt. Sie heißt »Ich liebe dich«. Als ich sie zum ersten Mal abspielte, musste ich mich fast übergeben, so heftig war der Schmerz, der über mich kam. Ich schluchzte aus tausend Gründen. Weil ich diese Lieder nicht mehr mit Heli hören konnte. Weil ich dachte, dass es nie wieder jemanden geben würde, den ich mit diesen Liedern meinen könnte. Weil diese Texte meine große, unendlich wahre Liebe beschrieben, eine Liebe, die für immer fortgeflogen war.

Ich versuchte, das Weinen durch mich durchzulassen, ich wollte üben, mich von Reinhard Meys Liedern schleifen zu lassen, als wären sie Sandpapier und mein Herz ein Stück Holz. Es gelang nicht. Die sanften Akkorde der Gitarre waren wie ein Katalysator, der die Schmerzreaktion außer Kontrolle geraten ließ. Beim dritten Lied musste ich den CD-Player abschalten. Ich widerstand dem Impuls, die CD zu zerbrechen, packte sie stattdessen ein und stellte die Hülle in die hinterste Ecke meines Regals.

Zwei Jahre lang lebte ich fast völlig ohne Musik. Das fühlte sich an wie eine Amputation, es war vollkommen verkehrt, aber ich wusste nicht, was ich tun sollte. Ich lernte, mein Herz zu verschließen und einfach wegzuhören, wenn irgendwo ein Radio lief. Glücklich machte mich dieser Zustand nicht.

Ich weiß nicht mehr, wie Helene Blum, die dänische Sängerin, in mein Leben kam. Ich glaube, ich entdeckte sie zufällig, beim Surfen im Internet. Empfohlen hat sie mir niemand, das weiß ich mit Sicherheit. Ich habe meinen Schatz selbst geborgen. Ja, genauso fühlte es sich an: Da war ein

Schatz. Eine Sängerin, deren Musik mein Herz berührte und deren Texten ich mich vorbehaltlos öffnen konnte, weil ich sie sowieso nicht verstand. Ich war selig, gerettet. Wochenlang hörte ich die CD in Endlosschleife. Dabei kam es mir so vor, als ob Helene Blum mit ihrer glasklaren Stimme mich ganz persönlich meinte.

Ich war stolz auf meinen kostbaren musikalischen Fund. Diese Musik gehörte mir, mir ganz allein. Wenn ich die kraftvollen, freundlichen Lieder hörte, spürte ich mein eigenes Herz und meinen eigenen Schwung. Manchmal wiegte ich mich im Takt, manchmal saß ich ganz still, aber zum ersten Mal seit Jahren dachte ich während dieser Glücksmomente nicht an Heli und meine Kinder. Ja, ab und zu habe ich meine himmlische Familie sogar *vergessen*, während ich tanzte.

Bis zu dieser Zeit hatte ich jedes Glück, das mir begegnet war, automatisch auf meine geliebten Toten bezogen. Liebeslieder – eine Botschaft von Heli, was sonst? Kleine Wunder, die mich überraschten, deutete ich automatisch als Zeichen von oben. Sogar den Mann, in den ich mich verliebte, hatte mir bestimmt Heli geschickt. Schöne Erlebnisse in der Gegenwart machten mich traurig, denn sofort dachte ich daran, wie schade es war, dass ich sie nicht mehr mit Heli und den Kindern teilen konnte. Glück, das gab es nur noch in Verbindung mit den Toten – und das scharfe Brennen der Sehnsucht gehörte wie selbstverständlich dazu.

Warum dieser Mechanismus gerade bei der Musik von Helene Blum aussetzte, weiß ich nicht. Ich würde gern behaupten, dass Heli die Lieder nicht gemocht hätte, aber ich glaube, das stimmt nicht. Vielleicht war der Teil meines Hirns, der normalerweise für das Sehnen und Brennen zuständig war, plötzlich damit beschäftigt, die dänischen Silben zu deuten, die seltsam bekannt und vertraut klangen und doch überhaupt keinen Sinn ergaben. Vielleicht ist Helene Blum ja auch seelenverwandt, nicht mit Heli, nicht mit Thimo, nicht mit Fini, sondern ausgerechnet mit mir.

Mein Glück. Ich habe kein schlechtes Gewissen, wenn ich diese Worte schreibe. Mein Glück, so nenne ich ein Glück, das sich nicht zwischen mir und meinen Liebsten entspinnt, sondern mich da erfasst, wo ich nur mit mir selbst und meiner Lebendigkeit in Berührung komme. Dieses Glück ist kein Verrat an denen, die gestorben sind, davon bin ich überzeugt. »Es geht darum, eine Affäre mit sich selbst zu beginnen«, diesen Rat gab uns einmal der Leiter eines Trauerseminars. Wir, die Teilnehmer, lachten. Wir wussten genau, was er meinte. Zunächst stellt die Einladung zur Selbstliebe eine Herausforderung dar. Wir sind es nicht gewöhnt, Spaß mit uns selbst zu haben und ganz allein glücklich zu sein. Doch irgendwann beginnen wir, die »heiße Liebe« zu uns selbst zu spüren. Wir müssen, nein: Wir dürfen diese Selbstliebe in Zeiten der Trauer lernen. Auch sie ist eine Fähigkeit, die uns erhalten bleibt. Die Liebe zu uns selbst ist dabei kein schaler Ersatz. Sie ist eine zusätzliche Fähigkeit, die wir gewinnen können. Eine Fähigkeit, die sich auch auf zukünftige Beziehungen positiv auswirken kann.

Das typische Beziehungsglück entsteht im Kontakt zwischen zwei Menschen. Es wird geteilt, und erst danach landet es wie ein Echo in uns. Das neue Glück, an das wir uns erst gewöhnen müssen, nimmt den anderen Weg. Es kommt aus uns selbst. Es belebt uns bis in die Fingerspitzen, gerade dann, wenn wir diese nicht sehnsuchtsvoll nach jemandem ausstrecken. Bald strahlt es aus unseren Augen, aus unserem ganzen Sein. Gesättigt von unserem eigenen Glück sind wir schließlich das Geschenk, das sich mitteilt und anderen zum Glück gereicht.

Inlineskaten, jonglieren, tanzen, wandern, zeichnen, komponieren. Wenn ich mir das egoistische Glück nicht versage, fallen mir viele Möglichkeiten ein, es zu pflegen, ganz für mich allein. Hilft mir das, wenn mich wieder einmal ein Liebeslied zum Weinen bringt? Kann ich das Brennen der Sehnsucht damit neutralisieren? Nein. Noch heute passiert es manchmal, dass ich den Ausschaltknopf drücke, wenn Reinhard Mey im Radio singt. An anderen Tagen aber kann ich zuhören und weinen. Ich halte es mittlerweile aus, ja, ich nutze den Schmerz der Sehnsucht sogar, um mich wieder zu spüren und für die Dauer eines Liedes in eine besonders innige Verbindung mit meiner Familie einzutreten.

Ich kann das heute, weil ich weiß, dass das Glück der Erinnerung an die Vergangenheit nicht das einzige Glück ist, das mir hier auf der Welt zur Verfügung steht. Ich möchte das Glück der Dankbarkeit, das mich erfüllt und zugleich immer ein wenig brennt, nicht missen. Aber auch das lebendige Glück, das sich aus der Gegenwart gebiert, in einem Körper, der ausgelassen tanzt, laut singt oder Frisbee spielt, gehört zu mir.

Manchmal mischt sich in dieses Glück sogar ein wenig Trotz. Ich weiß nicht, was Sie ganz persönlich glücklich macht. Oft sind es Dinge, die wir in unserer Kindheit liebten, alte Hobbys, Freunde, die wir lange nicht mehr gesehen haben. Neue Varianten alter Freuden, neue Lieder, ein neuer Sport, ein neues Instrument. Manches haben wir uns früher vielleicht versagt, um mehr Zeit für unseren geliebten Menschen zu haben, damals, als er noch lebte. Jetzt haben wir die Zeit, zu diesen Freuden zurückzukehren.

Ich erinnere mich an einen Traum, der mich wenige Monate nach dem Tod meiner Familie in Verwirrung stürzte. Er kam zu einer Zeit, als ich gerade das Haus umgeräumt hatte. Helis Sachen hatte ich in Kisten gepackt und in den Keller geräumt, und da, wo das Kinderzimmer gewesen war, stand nun ein gemütliches Sofa. Nun, im Traum, tauchte Heli auf. »Du musst den Keller leer machen, wir Ahnen brauchen Platz«, sagte er. Ich schüttelte den Kopf. »Siehst du nicht, wie erschöpft ich vom Möbelschleppen bin? Wenn du willst, dass der Keller leer ist, dann pack selber an.« Heli belehrte mich: »Nein, ich kann nicht anpacken. Ich bin ja tot. Du musst das machen.«

Im Traum tobte und wütete ich gegen meinen Mann, der seinen Tod als Ausrede benutzte, um mich allein schuften zu lassen. Und als ich aufwachte, war ich ganz froh, dass die ausgemisteten Sachen doch erst einmal im Keller bleiben konnten, ohne dass ich mich rechtfertigen musste. Ich bin sicher, dass Heli das auch in Ordnung fand.

Wir sind allein, alleingelassen, so fühlt es sich manchmal an. Das heißt auch: Wir müssen … und dürfen nun für uns selbst sorgen. Unser Glück steht nicht in Konkurrenz zu einem Glück der Zweisamkeit, die wir immer noch fühlen. Aber hier, auf der Erde, dürfen wir unseren Raum, unsere Zeit so gestalten, wie es uns gefällt. Und egal, ob wir dabei gerade an unsere Toten denken oder nicht, sie gehen uns nicht verloren. Ich denke, sie freuen sich mit uns, über dieses wunderbare Menschenleben, das da in unserer Haut steckt und auf seine ganz persönliche Weise glücklich ist.

Loreena McKennitt: *Dante's Prayer*

Es gibt Musikstücke, die hört man hundert Mal, ohne jemals auf den Text zu achten. Kennen Sie dieses Phänomen? Vermutlich ist es nicht nur bei Musik so. Wie viel sehen wir tagtäglich, ohne etwas darin zu erkennen. Wie viel hören wir, ohne eine Botschaft zu verstehen? Der Baum vor dem Fenster, die Lichtspiegelung an der Wand, der Fleck am Boden. Es gibt Tage, da bekommen sie plötzlich ein Gesicht. Sie werden zum Du. Und ab diesem Moment ist nichts mehr so, wie es vorher war.

Loreena McKennitts Musik kannte ich schon vor dem Tod meiner Familie. Eine meiner besten Freundinnen hörte sie eine Zeit lang fast ständig, und wir summten beide gern mit, wenn wir Tee tranken und das Leben genossen, während unsere Kinder im Kindergarten spielten.

»Nights from the Alhambra« – auch diese CD (mit dem Titel *Dante's Prayer* darauf) habe ich im Jahr 2008 geschenkt bekommen. Ich packte sie nicht einmal aus. Die schmerzliche Erfahrung mit Reinhard Mey hatte mir gereicht. Es mussten mehr als zwei Jahre vergehen, ehe ich Loreena McKennitt wieder in mein Leben ließ. Vorsichtshalber hörte ich nicht auf den Text, den man ohnehin schwer versteht, sondern auf die Harfe und auf die keltischen Klänge, die mich so gut beruhigen konnten. Ich summte mit, wie nebenbei, und dachte an die gute alte Zeit einer Frauenfreundschaft, die sich gewandelt hatte, aber – trotz räumlicher Entfernung wegen meines Umzugs – immer noch bestand.

Es war in Köln, als ich eines Tages in einem winzigen, schäbigen Hotelzimmer saß und nicht wusste, wie ich die

Stunde bis zu meiner Lesung überbrücken sollte. Ich startete meinen iPod, der in einer kleinen Box steckte. Dann ging ich ins Bad, um mir Wimperntusche aufzulegen. Ich summte mit der Musik mit und dachte an nichts Besonderes. Ein paar Minuten später war die schwarze Farbe auf meinen Wimpern als dickes Rinnsal über meine Wangen verteilt. Was war geschehen? Nicht viel. Ich hatte nur *hingehört* – und zum ersten Mal den Text verstanden, den Loreena McKennitt sang.

»Wenn die dunkle Nacht endlos erscheint: Bitte, denke an mich.« *Please remember me.* Das war die Zeile, die mich traf. Obwohl die Tränen ungebremst aus meinen Augen schossen und ich in Kürze bereit für eine Lesung sein musste, konnte und wollte ich die Musik nicht abdrehen. Hier sprach mein Mann Heli zu mir, das war mir klar. Zart, sanft und sehr direkt.

Es war vor allem dieses »Bitte«, das mich so berührte. Bitte. Ein kleines, zartes Wort. Kam es aus Helis Mund? Es schien mir, als stünde Heli neben mir, als flüsterte er mir leise ins Ohr. Ich weinte und weinte, hörte das Lied noch einmal, wieder und wieder, an. Meine Tränen taten nicht weh, sie waren warm wie eine Umarmung zwischen Himmel und Erde. »Bitte.« Vielleicht war Heli nicht so stark, nicht so erhaben, wie ich es mir eingeredet hatte. Vielleicht stand er hier, neben mir, und hatte einen Wunsch, den nur ich erfüllen konnte. Vielleicht suchte er meine Nähe, meine Umarmung ebenso wie ich? Ich antwortete ins Unsichtbare und meinte, Helis Wange an meiner Haut zu spüren. *Ja, ich weine für dich, für uns, mein Geliebter, und ja, ich erinnere mich an dich, für immer. Auch in der dunklen Nacht, das verspreche ich dir. Dante's Prayer*, das ist heute *unser Lied.* Ich weiß, dass ich jedes Mal weinen muss, wenn ich es höre. Und ich glaube, dass Heli dann mit mir weint, weil auch er, da drüben, nicht immer stark sein kann.

Das Glück warmer Tränen. Heute empfinde ich es als Gnade, wenn ich weinen kann. Ich weiß, was mir hilft, meine Tränen, die manchmal feststecken, zu befreien. Ich glaube, das größte Unglück entsteht da, wo nicht mehr geweint wird, weil man glaubt, dass das Weinen ohnehin keinen Sinn mehr hat. Tränen sind für mich wie eine elektrische Leitung zwischen dem, wonach ich mich sehne, und der Welt, wie sie jetzt ist. Als mein Mann noch nicht lange gestorben war, war er noch zu nah – wenn ich um ihn weinte, kam es zu einem Kurzschluss, der mich fast verbrannte. Mittlerweile haben wir einen guten Abstand gefunden, nicht allzu nah, aber auch nicht zu weit weg. Auf Armlänge, so würde ich es beschreiben. Nun kann der Strom der Tränen, der uns verbindet, ungehindert fließen.

»Weinen ist eine große Chance. Nutze sie, indem du dich fragst: ›Um was, um wen weine ich hier gerade?‹ Benenne es, am besten laut.« Das hat ein befreundeter Psychologe einmal zu mir gesagt. Heute weiß ich: Wenn ich weine, lasse ich zu, dass sich etwas in mir verwandelt. Ein bestimmter Mensch, ein bestimmter Ort, ein Erlebnis, das wir so gern wiederholen würden … Alle Formen, an die wir uns klammern, können vergehen. Und solange wir die Form dessen, was uns genommen wurde, festhalten, bleibt es verloren. Erst wenn wir uns von der Vorstellung befreien, wie etwas zu sein hat, können wir erkennen, was nicht einmal der Tod uns nehmen kann. Was ist es, das bleibt? Es ist unser Sehnen. Dieses Sehnen zeigt uns verlässlich, welche *Art* von Menschen und Erlebnissen wir lieben. Solange wir die Sehnsucht noch in uns spüren, wird sie sich immer wieder aufs Neue erfüllen. Sie zieht uns wie ein Magnet in die Richtung der neuen Form.

»Es war so schön mit dir.« Wenn wir das sagen, während wir weinen, hört unsere Sehnsucht mit. Sie jubelt, weil sie weiß, dass sie lebendig bleiben darf. Sie wird uns weiter leiten. Neue Formen, Orte und Begegnungen werden sich finden. Der Mensch, der unsere Sehnsucht einst erfüllte, wird nicht ausgetauscht, sondern gerade durch die neuen Erlebnisse wieder lebendig. Wenn wir weinen können und dabei ein Du spüren, können wir sicher sein, dass das Prinzip eines geliebten »Du« und der Glaube daran noch in uns lebt. Es ist nur eine Frage der Zeit, bis es uns wiederfindet.

Mein Mann Heli lebt in jedem Du, das mein Herz berührt, in allem, was ich liebe. Für immer. *Please remember me.* Ja, Heli. Ich vergesse dich nicht. Du kannst dich darauf verlassen.

Christine Kane: *Break*

Zerbrechen ... am Schicksal, an der Trauer, am Leben. Wenn es um schlimme Erfahrungen geht, wird dieses Wort, vor allem von Außenstehenden, oft verwendet. Man hört es im Radio, man liest es in Zeitschriften, es wird hinter vorgehaltenen Händen geflüstert oder in Buchrezensionen geschrieben. Es scheint so, als ginge es leicht über die Lippen, als wäre es fast unausweichlich oder zumindest sehr wahrscheinlich, dass man an gewissen Dingen zerbricht.

Auch über mir schwebte die Gefahr des Zerbrechens, als Drohung, als Warnung, manchmal auch als letzter Ausweg. Dabei fragte ich mich immer wieder, was das eigentlich genau hieß: zerbrechen. Wie viele Tage muss man weinen, wie lange muss man im Bett liegen bleiben, um als gebrochen zu gelten? Ging es überhaupt um Dauer? Oder gab es irgendwo einen Knacks – einen bestimmten Moment, in dem man plötzlich zerfiel? War man dann gebrochen wie eine Vase, kaputt und nicht mehr zu flicken? War alles zu spät, wenn man erst einmal zu Scherben zerfallen war?

Ich wollte keine »gebrochene Frau« sein. Mit der Angst im Nacken setzte ich alles daran, mich als Ganzes zusammenzuhalten. Mein Hirn lief oftmals auf Hochtouren auf der Suche nach einer neuen Identität, einer Lebensaufgabe, nach dem einen Sinn, der alles verbindet, Vergangenheit, Zukunft und Gegenwart, Glück und Schmerz. Ich wurde immer kreativer, und dabei entdeckte und erfand ich viele schöne Geschichten, Märchen, Gedichte und auch sehr praktische, kreative Lebenspläne.

Ich bin froh, dass ich meinen Kopf habe, der sich so vieles einfallen lässt, nur damit ich mich meistens sicher und komplett fühle. Doch es gab Phasen, da wurde diese Aufgabe sogar meinem pfiffigen Kopf zu viel. Er wollte nicht mehr, er konnte nicht mehr. Die Gedanken drehten sich weiter im Kreis, aber die Zahnräder meines Denkens schienen nicht mehr ineinanderzugreifen.

»Ich fühle mich, als würde in meinem Kopf ein Jumbojet im Leerlauf heulen. Leider gelingt es dem Piloten nicht, den Schub zu aktivieren«, sagte ich zu meiner Therapeutin. Ich war vollkommen überfordert, und ich hatte große Angst. Angst vor dem endgültigen Knacks. Was würde noch von mir übrig bleiben, wenn ich keine Kraft mehr hatte, mich selbst zusammenzuhalten?

»Unsere Identität ist wie ein Haus«, sagte meine Therapeutin. »Es besteht aus Ziegeln und aus Zement, der die einzelnen Ziegel zusammenhält. Es gibt Zeiten im Leben, da wird der Zement brüchig. Das Haus zerfällt. Das kann beängstigend sein. Aber es ist nicht so schlimm, wie man denkt. Denn auch wenn die Mauern umfallen und es im Augenblick keinen Halt mehr gibt: Die Ziegel sind noch da. Sie müssen nur neu zusammengesetzt werden. Das braucht Zeit – und es ist eine gute Gelegenheit, das Material zu sichten. Welche Ziegel sind intakt, welche sind tatsächlich gebrochen, vielleicht, weil sie schon lange spröde waren? Möchte ich neue besorgen, um mein Haus ein wenig größer zu bauen? Oder begnüge ich mich mit den Ziegeln, die da sind, und richte mich vielleicht für den Augenblick ein wenig bescheidener ein?«

Ich bekam Hausaufgaben: Spazieren gehen. Duschen statt baden, das fördert den Lebensfluss. Die Wohnung putzen. Und eine Tätigkeit finden, die sich stupide wiederholt – spontan verspürte ich den Wunsch, Wolle zu kaufen und mir eine Mütze zu stricken. Ein paar Tage lang beschränkte ich mich auf diese kleinen, ganz simplen Bausteine des Lebens. Ich sammelte alles, was mir selbst im Zustand des Zerfallens noch guttat. Ich erforschte mein Fundament. Atmen. Gehen. Reis essen. Stricken. Dänische Lieder hören. Haare waschen, ein hübsches Kleid anziehen, Tee kochen. Ein Bild mit Ölkreiden malen, kein schönes Bild, sondern einfach eines, das entstehen will. Auf meinen Spaziergängen begann ich, die Dinge zu benennen, die ich sah. »Ein grüner Mülleimer, eine graue Taube, ein offener Hauseingang, eine Bäckerei.« Das half mir, nicht zu grübeln und mich all der Dinge zu vergewissern, die da waren, ohne dass ich sie erfinden musste.

Ich wurde bescheiden – auch im Hinblick auf das Glück. Ich begann, Momente zu sammeln, in denen es mir einfach nur ein kleines bisschen besser ging als im Moment zuvor. Es war erstaunlich, wie schnell ich fündig wurde. Ich bemerkte den warmen Wind, den Duft frischen Brotes, ich freute mich darüber, dass mich zwei Touristen auf Französisch ansprachen und ich ihnen tatsächlich den Weg erklären konnte.

Ja, vermutlich war ich tatsächlich zerbrochen. Aber es war nicht so schlimm. Es war immer noch genug da, von mir und vor allem von der Welt, die mich umgab. Es ging ja nicht nur um mich. Es gibt viele, die am Zement meines Lebens mitmischen, und viele Zutaten, die seine Qualität erhöhen. Ich bin nicht allein – vielleicht konnte ich das erst bemerken, als kaum mehr etwas von mir übrig war.

Ich erinnere mich an meine dunkelsten Tage. Es war mir fast nicht mehr möglich, aus dem Bett zu kommen, ich wusste nicht, was ich dem Leben noch zu geben hatte. Aber dann, eines Tages, stellte ich mir vor, wie dieser neue, unendlich lange Tag vor meiner Schlafzimmertür stand und auf mich wartete. In meiner Fantasie stattete ich ihn mit einer lange Nase und leichtem Silberblick aus. »Gut, lieber Tag, ich gebe dir eine Chance«, dachte ich. »Ich werde jetzt aufstehen und Kaffee kochen. Mehr nicht. Ich habe dir nichts zu geben. Nur eines vielleicht: die Chance, mich zu überraschen. Du bist dran, es liegt an dir.«

Der Tag hat mich nicht enttäuscht, und auch die Tage nicht, die folgten. Seit ich das Leben als Spielpartner betrachte, bin ich immer wieder überrascht über den Dialog, der sich entspinnt, sobald ich nur einen ersten kleinen Schritt in Richtung Leben mache. Das Einzige, was es zu tun gibt, ist, dem Leben einen kleinen Vorschusskredit zu geben. Ein paar Minuten meiner Zeit, höchstens ein, zwei Stunden. Aufstehen, atmen, schauen, was passiert, wenn ich mich – ohne Druck oder Anspruch – dem Leben stelle. Und dann? Irgendetwas passiert immer, das weiß ich gewiss. Etwas, das mir Freude macht. Etwas, das mir zeigt, dass ich nicht ganz umsonst auf der Welt bin. Nicht einmal dann, wenn ich gerade zerbrochen bin.

Reinhard Mey: *Danke, liebe gute Fee*

Danke, lieber Reinhard Mey. Danke dafür, dass Sie nicht nur Liebeslieder schreiben, und danke, dass ich bis heute über Ihre klugen, tiefsinnigen und zugleich so heiteren Texte lachen kann! *Danke, liebe gute Fee*, dieses Lied hörte ich zum ersten Mal bei einem Livekonzert. Die gute Fee nahm ich von diesem Abend als Ohrwurm mit. Im Lauf der Tage nach dem Konzert fielen mir immer wieder Bruchstücke des Textes ein und immer mehr vermischten sie sich mit eigenen Bildern und Erinnerungen. Oh, wie oft habe ich zur guten Fee gebetet. Und wie froh kann ich heute sein, dass viele meiner Wünsche nicht in Erfüllung gegangen sind! Es ist tatsächlich so, wie es in dem Lied heißt: »Nur wen die Götter strafen wollen, dem erfüll'n sie jeden Wunsch.«

Es war ein Freitag im August. Ein Sommer, den ich überhaupt nicht genießen konnte, weil ich heftig mit meinem Leben haderte. Ich stellte mir damals die dringende Frage, was ich mit dem Rest meiner Tage anfangen sollte. Ich wollte mein Leben am liebsten umtauschen. *Ich habe mir das alles doch nicht ausgesucht, nein, dieses Leben will ich nicht,* dachte ich unentwegt. Dazu kam das ewig verlockende, bekannte Mantra: *Früher war alles viel, viel schöner.*

An jenem Freitag reichte es mir. Ich beschloss, mein Glück endlich selbst in die Hand zu nehmen, und zwar ordentlich. Plötzlich meinte ich zu wissen, woran es lag, dass nichts mehr passte. Es musste daran liegen, dass ich in der Stadt wohnte, wo alles grau und schmutzig war. Früher, als alles gut war, da hatte ich doch auf dem Land gelebt. Es fiel mir wie Schuppen von den Augen. Ich brauchte ein Haus auf dem Land, am besten gleich!

Ich setzte mich ins Auto und fuhr los, in eine kleine Ortschaft, die mich – ich weiß nicht, warum – schon lange anzog. Ich parkte mein Auto vor der einzigen Bankfiliale im Ort, die Immobilien vermittelte, und marschierte entschlossen hinein. »Ich suche ein Haus mit Garten.« – »Ja, da haben wir etwas.« Es ging alles sehr schnell. Erst vor einer Stunde hatte eine Frau eine Anzeige aufgegeben, die noch gar nicht ausgehängt war. Wenn ich wolle, könne ich gleich hinfahren und das Haus besichtigen, sagte die Bankangestellte.

Eine Stunde später saß ich im Zimmer des Bankbeamten, der für Kredite zuständig war. Er rechnete, lächelte zuversichtlich und erklärte mir, dass ich mir die Raten leicht leisten konnte, ich müsse nur einen Kredit aufnehmen, der 25 Jahre lang laufen würde. Ich schluckte und bat um Bedenkzeit. »Sie sollten sich beeilen, ein solches Haus geht schnell weg«, sagte er zum Abschied. Fast wäre ich noch einmal umgekehrt, um sofort zu unterschreiben.

Ganz in der Nähe gab es einen Wanderweg, den ich vom vergangenen Sommer kannte. Er läuft durch ein Naturschutzgebiet, entlang eines rauschenden türkisblauen Flusses, man kann zwei Stunden geradeaus dahinmarschieren, ehe man auf der anderen Seite des Flusses wieder zurückspaziert. Ich beschloss, dorthin zu fahren, um nachzudenken. Ich stapfte den Wanderweg entlang, kam außer Atem, und bald ging mein Herz weit auf. War das herrlich! Ich hatte ganz vergessen, wie schön es in der Natur war, wie gut es tun konnte, einfach nur geradeaus zu gehen.

Kurz bevor ich umkehrte, setzte ich mich in ein Gasthaus, um ein Glas Apfelsaft zu trinken. Ich dachte an den Vormittag. Meine Besprechung bei der Bank, der Kredit, die Unterschrift, die ich beinahe getätigt hatte – plötzlich kam es mir so vor, als hätte das alles in einem anderen, mir fremden Leben stattgefunden. Will ich das? Brauche ich das wirklich? Ich musste nicht lange nachdenken, um die Wahrheit zu erkennen. Nein, dieses Haus war nicht der Schlüssel zu meinem Glück. Hier saß ich, die Sonne im Gesicht, ich spürte meine Füße, mein Herz. Was brauchte, was wollte ich mehr? Ich *war* doch glücklich.

Ich begriff: Es ging nicht darum, die richtige Entscheidung zu treffen, um glücklich zu sein. Ich musste zu mir kommen und – für den Moment – satt und glücklich *sein*. Erst in diesem Zustand machte es Sinn, darüber nachzudenken, was ich tatsächlich brauche.

Ich habe das Haus nicht gekauft. Stattdessen kaufte ich mir ein Buch über Wiener Wanderwege. Ich muss nämlich nicht einmal weit fahren, um ins Grüne zu kommen. Ich muss nichts tun, um glücklich zu sein. *Nichts tun.* Das heißt für mich: nichts Großes tun, nichts durchsetzen, nichts Weitreichendes in die Wege leiten. Nicht zu viel verändern, jedenfalls nicht, solange ich nicht ganz bei mir bin. Große, verbissene Pläne, Rechthabereien oder enge Vorstellungen von dem, was mich glücklich machen soll, lasse ich heute los, indem ich kleine Spaziergänge mache, kleine Spaßgedichte schreibe und meine Mundwinkel ein kleines bisschen nach oben hebe, um einen fremden Menschen auf der Straße anzulächeln oder mir selbst im Spiegel ein wenig Freundlichkeit zu schenken.

Das Glück, vielleicht ist es die Schwester des Scheinriesen Tur Tur aus Michael Endes Geschichte von Jim Knopf. Herr Tur Tur wirkt riesig, solange er weit weg ist, und er wird immer kleiner, je näher er kommt. Mit dem Glück ist es ähnlich. Ich glaube, je kleiner es ist, umso näher kann es an uns herankommen. Gerade das kleine Glück rutscht wie von selbst in uns hinein und macht uns satt. Das große

Glück hingegen erfüllt sich da, wo wir nicht gieren, nicht hungern oder zerren, sondern wo es in Ruhe wachsen darf, weil wir gelassen Abstand halten.

Als Trauernde lernen wir, die vielen Kleinigkeiten wahrzunehmen, die uns nähren und ein wenig aufmuntern. Im Lauf der Zeit befüllen wir den Werkzeugkoffer des Glücks mit dem Wissen um alles, was uns unmittelbar guttut. Wir werden zu Experten des kleinen, leicht erfüllbaren Glücks.

Das große Glück schaut zu. Es wartet, bis wir gelernt haben, uns selbst zu sättigen. Es schlägt Wurzeln, es macht sich bereit. Und dann, eines Tages, schauen wir auf und erkennen, dass es wieder blüht wie der Flieder im Mai.

Dann ist das Werk der Trauer vollbracht: Sie hat die Türen geöffnet, in unserem Kopf und in unserem Herzen. Sie hat uns geduldig weich gespült, hat uns viele Ängste genommen und ungeahnte Kräfte geschenkt, sie hat unseren Blick für das, was wesentlich ist, geschärft. Den Kleiderschrank unserer Seele hat sie von Ballast befreit, sie hat einen Leerraum geschaffen, groß genug für unsere Erinnerungen, für unsere Träume und für die Liebe, die wir für uns in unserem Herzen tragen. Für die Toten, die wir lieben, für uns selbst und für das Leben, das in uns fließt.

Es ist Platz genug. Und es duftet nach Frühling. Nach Flieder vielleicht.

Du

Gott im Himmel,
Vater und Mutter,
ewiges Licht.
Geheiligt werde dein Name.

Danke,
dass dein Reich gekommen ist.
Danke, dass dein Wille
im Himmel
und auch auf Erden geschieht.

Danke dafür,
dass du mir mein tägliches Brot
so reichlich gibst
und mich lehrst, den Überfluss
zu erkennen
und auch seine Gefahr.

Danke,
dass du mir meine Schuld vergibst.
Dass du mich lehrst,
wie auch ich
mithilfe der Zeit
meinen Schuldigern vergeben kann.

Danke, dass du mich
nur so weit in Versuchung führst,
wie es nötig ist,
um mich
vom Bösen zu erlösen.

Ich danke dir.

Ich danke dir.
Amen.

Zum Abschluss

Wir sind am Ende unserer Reise angelangt. Elf Fragen waren es, deren Fährten wir bis hierher gemeinsam verfolgt haben. So viele andere müssen für den Augenblick offenbleiben. Manche Fragestellungen habe ich bewusst ausgespart, weil es mir bei gewissen Themen an eigener Erfahrung fehlt. Zum Beispiel hatte ich – anders als andere Trauernde – kaum jemals mit schlimmen Schuldgefühlen zu kämpfen. Eine weitere Frage, die ich nicht aus Erfahrung beantworten kann, lautet: Wie trauern Kinder? Wie können wir unseren Kindern helfen, den Tod in ihr Leben zu integrieren?

Ich bin froh, dass es sehr gute Bücher gibt, die Sie – wenn Sie es möchten – entlang der Spur Ihrer offenen Fragen weiter begleiten können. Ein paar dieser Bücher möchte ich hier empfehlen.

Wie trauern Kinder? Wie kann ich ihnen helfen?
Viele wunderbare Antworten auf diese Fragen gibt Mechthild Schroeter-Rupiepers Buch **»Für immer anders – Das Hausbuch für Familien in Zeiten der Trauer und des Abschieds«** (Patmos, 2012). Frau Schroeter-Rupieper leitet seit vielen Jahren Trauergruppen für Kinder und Jugendliche

sowie für Eltern trauernder Kinder. Außerdem leitet sie Ausbildungen im Bereich der Trauerbegleitung für Kinder und Jugendliche. Ihr Standardwerk der Trauerbegleitung enthält Erklärungen zur Entwicklungspsychologie und der Vorstellung vom Tod in verschiedenen Altersphasen, es bringt viele erfahrungsgestützte Erzählungen (zum Beispiel über oftmals unausgesprochene Kinderfantasien und über kreative Möglichkeiten, das Eis zu brechen) und außerdem jede Menge Beispiele, die Mut machen und zeigen, dass es nicht so schwer ist, wie man denkt, Kindern in Trauerzeiten guten Halt zu geben. Ein großer Vorzug dieses Buchs ist die leicht verständliche Sprache, die den Tod eines Angehörigen als mögliche Lebensrealität würdigt und ohne Scheu benennt. Während des Lesens beschleicht einen bald das angenehme Gefühl, dass man mit dem Tod tatsächlich ganz normal umgehen könnte, zum Beispiel, indem man klar benennt, was ist, indem man Fragen stellt, anspricht, was man vermutet, und abklärt, ob man recht hat oder auf dem Holzweg ist. Vor allem ermutigt das Buch zu einem aktiven, kreativen und kindgerechten Umgang mit den Themen der Trauer: Es stellt Bastelideen vor, die allen Beteiligten helfen, den Tod zu begreifen. Es zeigt, wie unterschiedliche Materialien (Bilder, Karten, Gefühlswürfel etc.) Anlass zu Gesprächen bieten können. Nicht zuletzt zeigt das Buch, was wir von unseren Kindern und heranwachsenden Jugendlichen lernen können, wenn es darum geht, mit Tod und Trauer zu leben und trotzdem den Lebensmut nicht zu verlieren.

Wie kann ich mit meinen Schuldgefühlen klarkommen?
Chris Paul ist Trauerexpertin, Autorin mehrerer empfehlenswerter Bücher und gefragte Referentin im Bereich der Trauerbegleitung. Außerdem weiß sie, was es heißt, um einen

geliebten Menschen zu trauern und dabei auch Schuldgefühle zu durchleben: Sie verlor als junge Frau einen sehr nahen Menschen durch Suizid. Ihr Buch »**Schuld. Macht. Sinn – Arbeitsbuch für die Begleitung von Schuldfragen im Trauerprozess**« (Gütersloher Verlagshaus, 2010) ist zwar für Trauerbegleiter und nicht primär für Betroffene geschrieben. Dennoch empfehle ich es gern, da Chris Paul auf sehr verständliche Weise erklärt, warum wir uns oft schuldig fühlen, auch wenn es keine reale Schuld zu geben scheint. Sie entschlüsselt die unterschiedlichen Arten und Mechanismen der Schuld, sie hilft uns, zwischen aktuellen Gefühlen und hartnäckigen Gedankenketten zu unterscheiden, und zeigt, wie wir die unliebsamen Knoten im Kopf Schritt für Schritt lösen können. Auch der Umgang mit realer Schuld wird in diesem Buch behandelt. Chris Paul ermutigt: Egal, was geschehen ist – es ist möglich, sich selbst zu verzeihen.

Hilfe, es geht mir gut! Ist das normal?
Wenn man Bücher über Trauermodelle und Trauerbegleitung liest, könnte man eventuell den Eindruck gewinnen, dass das Trauern ein sehr schwieriger und hochkomplexer Vorgang ist, den man ohne fachliche Begleitung kaum bewältigen kann. Diese Vorstellung verunsichert jene, die mit dem Tod eines geliebten Menschen gut zurechtkommen, ohne besonders zu leiden oder gar »zusammenzuklappen«. George Bonanno ist Psychologe. Trauer gehörte eigentlich nicht zu seinem Spezialgebiet. Doch als sein geliebter Vater starb, wunderte sich George Bonanno, warum er nicht so trauerte, wie es in den meisten Lehrbüchern stand. Er fühlte sich aufrecht und gesund, in Liebe mit seinem Vater verbunden, manchmal traurig, aber meistens ziemlich gut. Ist das normal? Ja – es ist zumindest nicht ungewöhnlich. Das

fand Bonanno heraus, als er über natürliche, nicht kompli-
zierte Trauer zu forschen begann. Sein Buch »**Die andere
Seite der Trauer – Verlustschmerz und Trauma aus eigener
Kraft überwinden**« (Aisthesis, 2012) ist ein Plädoyer für
die Kraft, die in uns steckt. Bonanno bestärkt uns im Vertrauen, dass wir fähig sind zu trauern, ohne uns dabei zu
verirren. Er ermutigt uns, nicht nur die Tränen, sondern
auch das natürliche Lachen willkommen zu heißen. Der
Mensch ist von Natur aus in der Lage, den Tod eines geliebten Menschen gut zu verkraften. Trauern muss nicht
schwer und auch keine Arbeit sein – das versichert George
Bonanno. Und wir, seine Leser, glauben es ihm gern.

Macht Trauern dumm? Und geht das wieder vorbei?
Vielleicht kennen auch Sie Phasen, in denen Ihr Hirn aus
Brei zu bestehen scheint. Unmöglich, sich zu konzentrieren.
Unmöglich, Worte zu finden für das, was sich in uns zu-
sammenbraut. Es gibt Tage, da scheint es, als ob uns nicht
nur unser geliebter Mensch verloren gegangen wäre, sondern auch ein beträchtlicher Teil unserer Intelligenz. Ist das
ein Grund zur Sorge? Nein. Das ist ganz normal. Trauern,
das ist auch ein körperlicher Prozess, der von Hormonen
gesteuert wird und Einfluss auf Leib und Seele hat. In den
allermeisten Fällen geht dieser Ausnahmezustand von
selbst vorbei. »**Trauern mit Leib und Seele – Orientierung
bei schmerzlichen Verlusten**« (Klett-Cotta, 2011) – dieses
Buch stammt von Ursula Gast, einer Neurologin, die sich
auf Trauer und Trauma spezialisiert hat, und von Klaus
Onnasch, Pastor i. R., Seelsorger und Trauerbegleiter.
Schritt für Schritt erfahren wir, was sich in unserem Gehirn
abspielt, wenn wir einen geliebten Menschen verlieren und
sein Tod in unser Lebenskonzept eingebaut werden muss.

Wir erfahren, warum wir sprachlos werden und woran es liegt, dass wir nicht wissen, wie es uns geht. Auch wenn wir ein wenig verrückt sind, sind wir ganz normal, so könnte man eine Botschaft des Buches zusammenfassen. Während des Lesens habe ich großes Mitgefühl für mich selbst empfunden. »Mein armes, liebes, braves Hirn«, dachte ich oft. »Ich verzeihe dir alles, was du gerade nicht zustande bringst. Und ich bin stolz auf alles, was dir – trotzdem oder wieder – gelingt.«

Ich fühle mich so einsam ...
Einsamkeit. Schuldgefühle. Überforderung. Viele Themen, die uns in der Trauer begegnen, kennen wir schon aus dem »ganz normalen« Leben. Nicht immer sind es Bücher über Trauer, die uns bei diesen Sorgen am besten weiterhelfen. Anselm Grüns Buch »**Stille im Rhythmus des Lebens – Von der Kunst, allein zu sein**« (Gütersloher Verlagshaus, 2013) ist ein spiritueller Wegweiser, der uns auf wunderbare (fast möchte ich sagen: wundersame) Weise durch Phasen der Einsamkeit leiten kann. Mit Worten, die wie warmer Honig in die Seele tropfen, nimmt uns Anselm Grün an der Hand. Wir müssen nicht einsam sein, wenn wir allein sind. Es gibt da immer jemanden, der bei uns ist. Gott oder unser tiefes, eigentliches Selbst wartet auf uns und hat viel zu geben. Vertrauen, Geborgenheit, Mut. Ich habe Anselm Grüns Buch auf meinem Nachtkästchen liegen und lese immer nur ein paar Seiten. Es wirkt wie Medizin.

Viel Freude beim Weiterlesen.

Von Herzen Ihre
Barbara Pachl-Eberhart

Dank

Mein Dank gilt, allen voran, jenem Mann, der meine Liebe zum biografischen Schreiben geweckt und »verlagsfähig« gemacht hat: Eckhard Graf, ehemals Leiter des Integral Verlags. Ohne Sie, Herr Graf, wären mein Erstling »vier minus drei« und auch dieses Buch niemals entstanden. Von Herzen danke ich auch dem Team des Integral Verlags, das mich diesmal durch alle Phasen der Manuskriptarbeit begleitet hat, insbesondere dir, Jakob Mallmann. Deine unerschöpfliche Geduld hat mir die Zeit geschenkt, die es brauchte, um dieses Buch reifen zu lassen und meinen Ton zu finden. Ich danke Diane Zilliges für das aufmerksame und wertschätzende Lektorat und Antonia Bräunig, Carolin Assmann und Petra Kunesch für die beherzte Unterstützung in allen Bereichen der Administration und Kommunikation.

Ich könnte heute nichts über mich erzählen, hätten nicht so viele Menschen zum guten Verlauf dieser meiner Geschichte beigetragen. Stellvertretend für alle möchte ich euch, Anna und Fred Guter, Kornelia Rabl, Sabine Felgitsch, Elfi Scharf und Andrea Schramek dafür danken, dass ihr mich am Leben erhalten habt, als ich es selbst nicht geschafft hätte. Frieda Plesch danke ich für das Spendenkonto, durch das mir viele schlimme Sorgen erspart geblieben sind.

Ich danke allen Trauernden, die meinen Trauerfragebogen gewissenhaft ausgefüllt und mir so geholfen haben, meine persönlichen Perspektiven zu überprüfen und zu erweitern. Mein besonderer Dank gilt Jakob und Sabine Hernler für das ausführliche Interview, das ich mit ihnen führen durfte. Und für das herrliche Kichererbsengulasch. Natürlich danke ich Ihnen, den Leserinnen und Lesern meiner Bücher. Sie tragen dazu bei, dass ich meine Arbeit als sinnvoll erleben darf.

Ich danke euch, Heli, Thimo und Fini Eberhart, für unser gemeinsames Leben, für eure Liebe, eure Scherze und euer Vertrauen. Und dir, lieber Ulrich Reinthaller, danke ich dafür, dass du mich liebst, mit allem, was zu mir gehört.

Ein ergreifendes Schicksal
Ein Buch, das Mut macht, zu leben

978-3-453-70203-5

»Dieses Buch berichtet in beeindruckender Intensität von
einem Schicksal, das bewegt, das aufrüttelt, das erschüttert.«
die aktuelle

»Ein bewegendes Buch, das sehr viel über Leben und Tod
erzählt und darüber, wie man aus einer solchen tiefen Krise
am Ende dennoch etwas Positives machen kann.«
Markus Lanz

»Die berührende Geschichte einer Frau, die ihr Schicksal
auf erstaunliche Weise bewältigt hat.« *ORF 2*